当个明白的纳税人

——纳税法律问题解答

徐康平　唐　玮　主　编

學苑出版社

撰写人（按姓氏笔画）

王成香　王振友　王桂菊　冯　尧
包明雅　刘梦军　冷荣芝　邱　晴
陈芷染　单美玉　信小静　徐　冉
徐净菡　徐康平　唐　玮　薛小义

前　言

税收是一个国家财政的基础，税法执行则关系着国家和纳税人在税收征管方面的权利和义务能否实现，无论是在理论上还是实践上都有着非常重要的价值。可以说，一个人来到这个世界上，纳税是要伴随他一生的、逃避不了的事情。作为纳税人的我们不但有及时纳税的义务，更重要的是我们有知悉我国税收体系、税收流程的权利。因此学习税法对我们老百姓来说，也是一件非常必要的事情。

目前我国城镇化的水平在提高，但是广大农民兄弟仍然是我国人口最主要的组成部分，在每年国家财政税收中，农村方面仍然占据了非常大的份额。在我国现在正在进行的“社会主义新农村”建设中，农民朋友需要了解我国的税收政策、税收体系、缴税规定以及一些切实影响到农村建设、农民收入的税收问题。因此，我们编写这本书，就是要从依法纳税、税收管理、合法节税、税收争议以及纳税途径五个方面，深入浅出地为农民朋友们指点迷津。本书的宗旨是贴近农村人口，贴近农民生活，用最简单、直白的话语，为农民朋友解惑，保护农民朋友的合法权益。也希望越来越多的人能够加入到支持新农村建设当中来，共同构建我们的社会主义和谐社会。

由于本书编写时间比较仓促，加之作者水平有限，出现疏漏和错误在所难免，敬请读者批评指正。

作者

2011 年 7 月

目　录

一、依法纳税

二、纳税途径

三、合法节税

四、税收管理

五、税收争议

一、依法纳税

1. 我国当前的税收制度是什么?

案情简介

村民何某创办了水果加工有限公司,因经营管理较好,连年盈利,2009年利润比上一年增长20%。而且,何某于2009年3月将自己公司的一处房产转让给另一家企业,获利490万元;2009年5月,该公司为方便员工上下班购置了2辆大型轿车;2009年8月,该公司为开发新产品,从国外进口生产设备一套。由于何某不清楚我国当前的税种,为了依法纳税,故向税务机关咨询当前我国的税收法律制度。

专家提示

此案涉及我国现行的税收法律制度。

税收制度,简称"税制",它是国家以法律或法令形式确定的各种课税办法的总和,反映国家与纳税人之间的经济关系,是国家财政制度的主要内容,是国家以法律形式规定的各种税收法令和征收管理办法的总称。

(一)税收法规。我国现有税种除企业所得税、个人所得税是以国家法律的形式发布实施外,其他税种都是经全国人大授权立法,由国务院以暂行条例的形式发布实施。

我国现有税种可分为以下几类:

(1)流转税类。包括增值税、消费税、营业税、关税。主要是在生产、流通或者服务业中发挥调节作用。

(2)资源税类。包括资源税、土地增值税、城镇土地使用税。主要是对因开发和利用自然资源差异而形成的级差收入发挥调节作用。

(3)所得税类。包括企业所得税、个人所得税。主要是在国民收入形成后，对生产经营者的利润和个人的纯收入发挥调节作用。

(4)特定目的税类。包括固定资产投资方向调节税(暂缓征收)、城市维护建设税、土地增值税、车辆购置税、耕地占用税、烟叶税。主要是为了达到特定目的，对特定对象和特定行为发挥调节作用。

(5)财产和行为税类。包括房产税、车船税、印花税、契税。主要是对财产和行为发挥调节作用。

(二)税收征收管理法律制度。除税收法令外，我国税制也规定了税收征收管理适用的法律制度，是按照税收管理机关的不同分别规定的。

(1)由税务机关负责征收的税种的征收管理，按照全国人大常委会发布实施的《税收征收管理法》执行。

(2)由海关机关负责征收的税种的征收管理，按照《海关法》及《进出口关税条例》等有关规定执行。

具体到本案中，此水果加工有限公司的负责人弄清了我国的税收法律制度问题，就能依法纳税，成为一个合法的纳税人。

法律依据

《中华人民共和国宪法》第五十八条规定："全国人民代表大会和全国人民代表大会常务委员会行使国家立法权。"

《中华人民共和国宪法》第九十条规定："国务院各部、各委员会根据法律和国务院的行政法规、决定、命令，在本部门的权限内，发布命令、指示和规章。"

《中华人民共和国税收征收管理法》第二条规定："凡依法由税务机关征收的各种税收的征收管理，均适用本法。"

《中华人民共和国税收征收管理法实施细则》第二条规定："凡依法由税务机关征收的各种税收的征收管理，均适用税收征管法及本细则；税收征管法及本细则没有规定的，依照其他有关税收法律、行政法规的规定执行。"

2. 我国现行税法的组成要素及作用有哪些？

案情简介

个体工商户赵某用自己的闲置房开了一家商店，方便附近村民购物。该店自2009年5月正式开业，因赵某认为是在自家开店，且规模不大，因而一直未办理工商登记和卫生许可证及税务登记。相关部门发现后便上门通知其办理相关登记，赵某在了解自己负有纳税义务时，便向税务机关办理了税务登记。但是，对于税务作用及税法的组成要素不明，便向税务机关请教，税务机关为其讲解了相关税法知识。

专家提示

本案主要涉及税收的作用和税法的组成要素两个方面。

（一）税收的作用是税收职能在一定经济条件下的外在表现。在不同的历史阶段，税收职能发挥着不同的作用。在现阶段，税收的作用主要表现在以下几个方面：

（1）税收是国家组织财政收入的主要形式和工具。税收在保证和实现财政收入方面起着重要的作用。由于税收具有强制性、无偿性和固定性的特征，因而能保证收入的稳定；同时，税收的征收十分广泛，能从多方筹集财政收入。

（2）税收是国家调控经济的重要杠杆之一。国家通过税种的设置以及在税目、税率、加成征收或减免税等方面的规定，可以调节社会生产、交换、分配和消费，促进社会经济的健康发展。

（3）税收具有维护国家政权的作用。国家政权是税收产生和存在的必要条件，而国家政权的存在又依赖于税收的存在。没有税收，国家机器就不可能有效运转。

（4）税收具有监督经济活动的作用。国家在征收税款过程中，一方面要查明情况，正确计算并征收税款；另一方面又能发现纳税人在生产经营过程中，或是在缴纳税款过程中存在的问题。国家税务机关对征税过程中发现的问题，可以采取措施纠正，也可以通知纳税人或政府有关部门及时解决。

(二)税法的组成要素一般包括总则、纳税义务人、征税对象与税目、税率、纳税环节、纳税期限、纳税地点、减税免税、罚则与税务争议的处理、税收法律责任、附则。

(1)总则。主要包括立法依据、立法目的、适用原则等。

(2)纳税义务人。即纳税主体，是指税法规定的直接负有纳税义务的单位和个人。

(3)征税对象与税目、税基。征税对象又称课税对象、征税客体，是征纳双方权利和义务共同指向的客体或标的物。此项目是区分不同税种的主要标志，体现不同税种征税的基本界限，决定着某一税种的基本征税范围，也决定不同税种名称。税目，对征税对象分类规定的具体的征税项目，反映具体的征税范围。税基又称计税依据，是据以计算征税对象应纳税款的直接数量依据，它解决对征税对象征税的计算问题，是对征税对象的量的规定。

(4)税率。是指对征税对象的征收比例或征收额度。税率是计算税额的尺度，也是衡量税负轻重与否的重要标志。当前我国的税率形式主要有比例税率、累进税率、定额税率。

①比例税率：指同一征税对象或同一税目，不论数额大小，只规定了一个税率，都按同一比例征税。

②累进税率：是指同一征税对象，随数量的增大，征收比例也随之增高的税率。而且累计税率还可以分为全额、超额和超率累进税率。

③定额税率：根据征税对象的一定数量为计量单位，直接规定固定的征税数额。

(5)纳税环节。是指税法规定的征税对象从生产到消费的流转过程中应当缴纳税款的环节。

(6)纳税期限。是指税法规定的纳税主体向征税机关缴纳税款的时间方面的限定。

(7)纳税地点。主要是指根据各个税种纳税对象的纳税环节和有利于对税款的源泉控制而规定的纳税人(包括代征、代扣、代缴义务人)的具体纳税地点。

(8)减税免税。主要是指对某些纳税人和征税对象采取减少征税或者免予征税的税收优惠、照顾措施。

(9)罚则与税务争议的处理。主要是指对纳税人违反税法的行为采取的处罚措施。税收争议是指征税机关与税务相对人之间因确认或实施税收法律关系而产生的权利和义务方面的纠纷。

(10)税收法律责任。是指税务法律关系中的征税主体和纳税主体因违反税收法律规范所应承担的法律后果。

(11)附则。附则一般都规定与该法紧密相关的内容。比如该法的解释权、该法的生效时间等。

学习税法知识,首先应明确税法的组成要素。在此基础上,才可以把税法知识作为保护自己合法权益的武器,做到依法纳税,合理节税,成为一个守法护法的好公民。

法律依据

《中华人民共和国宪法》第五十六条规定:“中华人民共和国公民有依照法律纳税的义务。”

《中华人民共和国税收征收管理法》第三条规定:“税收的开征、停征以及减税、免税、退税、补税,依照法律的规定执行;法律授权国务院规定的,依照国务院制定的行政法规的规定执行。

任何机关、单位和个人不得违反法律、行政法规的规定,擅自作出税收开征、停征以及减税、免税、退税、补税和其他同税收法律、行政法规相抵触的决定。”

关于税法的组成要素在《中华人民共和国税收征收管理法》、《中华人民共和国增值税法》、《中华人民共和国营业税法》、《中华人民共和国企业所得税法》、《中华人民共和国个人所得税法》、《中华人民共和国资源税法》、《中华人民共和国印花税法》等法律、法规中有所体现。

3. 我国现行税务机构是如何设置的?

案情简介

村民张某入股某一中外合资企业,专门从事鞋帽加工。2009年度,该企业因鞋帽加工纯收入5000万元。当地国税局按照国家所规定的税率需要向其征收所得税,但该企业拒不缴纳,声称该企业的所得税应由地税局征收。此中外合资企业的说法正确吗?

专家提示

本案主要涉及我国税务机构的设置问题。

为了适应分税制改革的要求,保证中央财政与地方财政的收入,从相关的法律、法规来看,国家按税种分设了国家税务局和地方税务局,分别负责中央税、中央与地方共享税和地方税的征收管理工作,从而形成了国家税务局和地方税务局相对独立的税收管理组织体系。

我国现行的税务机构设置是中央政府设立国家税务总局,省及以下税务机构分为国家税务局和地方税务局两个系统。

(一)国家税务总局系统。包括省、地区(市)和县(市)国家税务局,征收分局、税务所。国家税务总局对国家税务局系统实行机构、编制、干部、经费的垂直管理。省级国家税务局是国家税务总局直属的行政机构,是本地区主管国家税收工作的职能部门,负责贯彻执行国家的有关税收法律、法规和规章,并结合本地实际情况制定具体实施办法。省级国家税务局的局长、副局长均由国家税务总局任命。

(二)地方税务局系统。包括省、地区(市)和县(市)地方税务局,征收分局、税务所。省级地方税务局是省级人民政府所属的主管本地区地方税收征收工作的职能部门，实行地方政府和国家税务总局双重领导，以地方政府领导为主的管理体制。省级地方税务局局长人选由地方政府征求国家税务总局意见后任免。国家税务总局对省级地方税务局的领导，主要体现在税收政策、业务的指导和协调，对国家统一的税收制度、政策的监督，组织经验交流等方面。

省以下地方税务局实行上级税务机关和同级政府双重领导，以上级税务机关垂直领导为主的管理体制，即地区（市）和县（市）地方税务局的机构设置、干部管理、人员编制和经费开支均由所在省地方税务局垂直管理。

在本案中，此中外合资企业，其所得税按照国家规定应由当地国家税务局征收，故该企业以向地税局缴纳为由而予以拒绝是不对的，应当予以纠正，依法向国税局缴纳税款。

法律依据

《中华人民共和国税收管理法》第五条规定："国务院税务主管部门主管全国税收征收管理工作。各地国家税务局和地方税务局应当按照国务院规定的税收征收管理范围分别进行征收管理。

地方各级人民政府应当依法加强对本行政区域内税收征收管理工作的领导或者协调，支持税务机关依法执行职务，依照法定税率计算税额，依法征收税款。

各有关部门和单位应当支持、协助税务机关依法执行职务。

税务机关依法执行职务，任何单位和个人不得阻挠。"

4. 我国的税收征收管理范围是什么？

案情简介

村民蒋某在 2009 年 5 月为扩建厂房而占用了当地的耕地。开始，他并不知道要缴纳耕地占用税，后来听普法人员说，占用耕地需缴纳耕地占用税务，于是蒋某便向当地的国家税务局依法缴纳税款，办税人员告知耕地占用税属于地方税务局的征收范围，最后蒋某到地方税务局办理了纳税申报。

专家提示

本案涉及我国税收征收管理范围的划分问题。

当前，我国税收分别由财政、税务、海关等系统负责收缴管理。

(一) 国家税务局系统负责征收和管理的项目有：

(1)负责征收管理的税种包括增值税、消费税。

(2)负责征收管理特定单位的特定税种，包括铁道部、各银行总行、各保险总公司集中缴纳的营业税、所得税、城市维护建设税；中央与地方所属企业、事业单位组成的联营企业、股份制企业缴纳的所得税；地方银行、非银行金融机构企业缴纳的所得税；海洋石油企业缴纳的所得税、资源税；新设企业的所得税；证券交易税(开征之前为对外证券交易征收的印花税)；中央税的滞纳金、补税、罚款等。

(二)地方税务局系统负责征收和管理的项目有：国家税务局系统负责征收管理的特定单位以外的营业税、城市维护建设税、所得税、资源税和印花税，城镇土地使用税、耕地占用税、土地增值税、房产税、车船税、契税及其地方附加，地方税的滞纳金、补税、罚款等。

（三）海关系统负责征收和管理的项目有：关税、行李与邮件物品进口税和船舶吨税；代征的税种有进出口环节的增值税和消费税。

（四）财政部门负责征收和管理的项目有：在部分地区，地方附加税、契税、耕地占用税，仍由地方财政部门征收和管理。

具体到本案中，耕地占用税是由地方税务局负责征收，故蒋某向地方税务局缴纳税收的做法是正确的。

5. 按低税率缴纳增值税适用哪些纳税人？

案情简介

某农资商店2009年6月售出化肥、农药1万元人民币，该商店在申报当月增值税时，不知道适用哪一种税率进行计算，便向税务机关咨询，税务机关告知应按照低税率予以计算，该商店便按照低税率缴纳了增值税。

专家提示

此案涉及按低税率缴纳增值税适用哪些纳税人的法律问题。

税率是增值税整体税额与计税依据的比例，是计算增值税的尺度。其高低直接影响销售货物或提供应税劳务者的税收负担。目前，我国增值税率分为三档：一档是基本税率，为17%；一档是低税率，为13%；一档是零税率。

（一）基本税率为17%，适用于除低税率货物、零税率货物以外的其他货物的销售或进口，以及加工、修理修配劳务。

（二）低税率为13%，它适用的范围：①粮食；②食用植物油；③自来水；④暖气、热水；⑤冷气；⑥煤气；⑦石油液化气；⑧天然气；⑨沼气；⑩居民用煤炭制品；⑪图书、报纸、杂志；⑫饲料；⑬化肥；⑭农药；⑮农膜；⑯农机；⑰农产品；⑱音像制品；⑲电子出版物；⑳二甲醚；㉑食用盐。

（三）零税率，它适用于报送出口的货物，但是国务院另有规定的除外。零税率与免税不同，零税率作为增值税率，是一个实实在在的税率，即使税率物品的经销者的税负为零，但它仍是增值税的纳税人,需要按通常的方式进行纳税申报。而对于享受免税的经销者,其出售的商品是不征增值税的,该经销者不是增值税的纳税人,他不用进行增值税的纳税申报,也不用记录有关增值税的账簿。但是,免税的经销者并没有全部被免除增值税,只是免除了他在出口这一环节增值额的税负,而他在购进货物时,要负担增值税。

具体到本案中,由于此商店出售商品为化肥,属于低税率的适用范围,故税务机关告知其按照低税率缴纳增值税是合理的。

法律依据

《中华人民共和国增值税暂行条例》第二条规定:“增值税税率:

(一)纳税人销售或者进口货物,除本条第(二)项、第(三)项规定外,税率为17%。

(二)纳税人销售或者进口下列货物,税率为13%:

1. 粮食、食用植物油;

2. 自来水、暖气、冷气、热水、煤气、石油液化气、天然气、沼气、居民用煤炭制品;

3. 图书、报纸、杂志;

4. 饲料、化肥、农药、农机、农膜;

5. 国务院规定的其他货物。

(三)纳税人出口货物,税率为零;但是,国务院另有规定的除外。

(四)纳税人提供加工、修理修配劳务(以下称应税劳务),税率为17%。

税率的调整,由国务院决定。”

6. 承包经营中增值税纳税人如何确定?

案情简介

2008年,蒋某在村里开办了某木制品加工铺,并于9月在税务局办理了税务登记证的验证手续。次年10月,因扩展业务的需要,蒋某租赁并承包了另外一个企业,由该企业从事木制品的销售工作。蒋某与该企业在承包合同中约定,有关承包过程中的一切税费由该企业承担。蒋某在承包经营期间未按照期限到某县税务局办理纳税申报。税务局先后给蒋某送达了相关通知,要求蒋某限期缴纳税款,否则将要对蒋某进行处罚。蒋某不服,向税务局提供了自己与该企业签订的合同,称自己不是纳税人,不承担纳税义务。蒋某是不是承包企业的纳税人呢?

专家提示

本案涉及承包经营中增值税纳税人的确定问题。

根据《中华人民共和国增值税暂行条例》的规定:“在中华人民共和国境内销售货物或者提供加工、修理修配劳务以及进口货物的单位和个人,为增值税的纳税人。”蒋某作为从事加工的个体工商户,依法办理了税务登记证和验证手续,是法定的纳税义务人。蒋某作为纳税人,在经营期间未按照规定办理纳税申报,税务机关要向其进行罚款是有法律依据的。

根据《中华人民共和国增值税暂行条例实施细则》的规定:“单位租赁或者承包给其他单位或者个人经营的,以承租人或者承包人为纳税人。”根据此条规定,蒋某仍为承包企业的纳税义务人，这是法律的强制性规定，蒋某虽然与被承包企业签订了合同，规定纳税义务由企业承担，但内容因违反法律的强制性规定而无效，蒋某纳税义务人的身份并不能因此而被改变，依据《中华人民共和国税收征收管理法》的规定："纳税人未按照规定的期限办理纳税申报和报送纳税资料的，或者扣缴义务人未按照规定的期限向税务机关报送代扣代缴、代收代缴税款报告表和有关资料的，由税务机关责令限期改正，可以处二千元以下的罚款；情节严重的，可以处二千元以上一万元以下的罚款。"因而税务机关声称如蒋某不按要求缴纳税款，给予处罚的说法是有法律依据的。

法律依据

《中华人民共和国增值税暂行条例》第一条规定："在中华人民共和国境内销售货物或者提供加工、修理修配劳务以及进口货物的单位和个人，为增值税的纳税人，应当依照本条例缴纳增值税。"

《中华人民共和国增值税暂行条例实施细则》第十条规定："单位租赁或者承包给其他单位或者个人经营的，以承租人或者承包人为纳税人。"

《中华人民共和国税收征收管理法》第六十二条规定："纳税人未按照规定的期限办理纳税申报和报送纳税资料的，或者扣缴义务人未按照规定的期限向税务机关报送代扣代缴、代收代缴税款报告表和有关资料的，由税务机关责令限期改正，可以处二千元以下的罚款；情节严重的，可以处二千元以上一万元以下的罚款。"

7. 增值税税率的特殊规定有哪些?

案情简介

某农资机电企业属于增值税一般纳税人,为承揽对外工作业务的需要,此企业设立了运输部门。2009 年 3 月,该企业的经营收入如下:机电产品销售额 260 万元,农机销售额和运输费用收入共 180 万元。该企业负责纳税的财会人员明知公司发生了兼营行为,但不知该如何对该月经营收入进行纳税申报,于是向当地的税务机关请教有关该如何缴纳税款的问题。

专家提示

此案涉及兼营不同税率货物或应税劳务该如何缴纳增值税的法律问题。

兼营不同增值税项目是指增值税纳税人同时经营适用不同增值税税率的货物或者应税劳务。从事兼营业务的增值税纳税人,必须安排好其增值税税务,才不至于增加税负。对这种兼营行为,《中华人民共和国增值税暂行条例》的税务处理办法是:

(一)纳税人兼营不同税率的货物或者应税劳务,应当分别核算不同税率货物或者应税劳务的销售额,并按不同税率分别计算应纳税额。未分别核算销售额的,从高适用税率,即按 17%征收。

(二)纳税人销售不同税率的货物或应税劳务,并兼营应当一并征收增值税的非应税劳务,其非应税劳务应该按照高税率征税,即 17%征收。

(三)小规模纳税人销售货物或者应税劳务,实行简单办法计算应纳税额。按照销售额(不包括应纳税额)和规定的3%税率计算应纳税额,不得抵扣进项税额、不得开具增值税专用发票。

具体到本案中,某农资机电企业同时从事两种不同税率货物的生产,收入已分别核算,即机电产品按17%征税,而农机则按13%征税,该企业的运输部门所得的运输收入属于非应税劳务,依法应并入货物销售额,统一缴纳增值税,根据我国增值税暂行条例的相关规定,纳税人兼营应当一并征收增值税的非应税劳务的,其非应税劳务按高税率征收。故运输业务收入应从农机销售收入中分离出来,适用高税率的规定,即按照17%的税率征收进行纳税。

法律依据

《中华人民共和国增值税暂行条例》第三条规定:"纳税人兼营不同税率的货物或者应税劳务,应当分别核算不同税率货物或者应税劳务的销售额;未分别核算销售额的,从高适用税率。"

《中华人民共和国增值税暂行条例》第十一条规定:"小规模纳税人销售货物或者应税劳务,实行按照销售额和征收率计算应纳税额的简易办法,并不得抵扣进项税额。应纳税额计算公式:应纳税额=销售额×征收率

小规模纳税人的标准由国务院财政、税务主管部门规定。

《中华人民共和国增值税暂行条例》第十二条规定:"小规模纳税人增值税征收率为3%。

征收率的调整,由国务院决定。

8. 从事混合销售行为该如何缴纳增值税?

案情简介

村民李某为个体工商户,其从事的主要业务是销售实验器材。李某为了吸引顾客,特别开办了送货上门的服务。2010 年 2 月,李某销售给某研究院实验器材 30 万元(不含税),并将该器材运到某研究院,向研究院收取了 5000 元的运费。李某在纳税申报时未将 5000 元运费并入销售额中,税务人员审查后及时纠正,李某按照税务人员的提示重新申报缴纳了增值税。

专家提示

此案涉及混合销售行为如何缴纳增值税的法律问题。

根据税收条例的规定,一项销售行为如果既涉及货物又涉及非应税劳务,为混合销售行为。非应税劳务是指属于应当缴纳营业税的交通运输业、服务业等税目征收范围的劳务。李某的这项业务中,既涉及货物的销售,又涉及运输劳务的提供,显然构成了税法上的混合销售行为。

根据税收条例的相关规定:从事货物的生产、批发或零售的企业、企业性单位及个体经营者,或者以从事货物的生产、批发或零售为主,并兼营非应税劳务的企业、企业性单位及个体经营者的混合销售行为,视为销售货物,应当征收增值税;其他单位和个人发生的混合销售行为,视为销售非应税劳务,不征收增值税。上述所说的以从事货物的生产、批发或零售为主,并兼营非应税劳务,是指纳税人年货物销售额与非应税劳务营业额的合计数中，年货物销售额超过50%，非应税劳务不到50%。

具体到本案中，李某是个体工商户，且其运费收入极少，远远低于收入中的50%，所以运费收入应该和销售器材的收入一起计算增值税的销项税额，而不计为营业税。

法律依据

《中华人民共和国增值税暂行条例实施细则》第五条规定："一项销售行为如果既涉及货物又涉及非增值税应税劳务，为混合销售行为。除本细则第六条的规定外，从事货物的生产、批发或者零售的企业、企业性单位和个体工商户的混合销售行为，视为销售货物，应当缴纳增值税；其他单位和个人的混合销售行为，视为销售非增值税应税劳务，不缴纳增值税。

本条第一款所称非增值税应税劳务，是指属于应缴营业税的交通运输业、建筑业、金融保险业、邮电通信业、文化体育业、娱乐业、服务业税目征收范围的劳务。

本条第一款所称从事货物的生产、批发或者零售的企业、企业性单位和个体工商户，包括以从事货物的生产、批发或者零售为主，并兼营非增值税应税劳务的单位和个体工商户在内。"

《中华人民共和国增值税暂行条例实施细则》第六条规定："纳税人的下列混合销售行为，应当分别核算货物的销售额和非增值税应税劳务的营业额，并根据其销售货物的销售额计算缴纳增值税，非增值税应税劳务的营业额不缴纳增值税；未分别核算的，由主管税务机关核定其货物的销售额：

（一）销售自产货物并同时提供建筑业劳务的行为；

（二）财政部、国家税务总局规定的其他情形。"

9. 兼营非应税劳务如何缴纳增值税?

案情介绍

某汽车销售公司自2009年开始营业，为了广开财源，吸引顾客，从2010年6月开始开展了汽车租赁业务，并设立了运输部，以方便接送顾客，与此同时设立了餐饮服务部，专门为顾客提供餐饮服务。2010年6月，此汽车销售公司财务人员在申报时，没有分别核算货物销售额和非应税劳务销售额，统一做了营业税申报。此公司的纳税申报恰当吗?

专家提示

此案涉及兼营非应税劳务如何缴纳增值税的法律问题。

所谓兼营非应税劳务是指增值税纳税人在从事应税货物销售或提供应税劳务的同时，还提供非应税劳务，且提供的非应税劳务与某一销售货物或提供应税劳务的项目无直接联系和从属关系。具体到本案中，由于汽车租赁、运输部和餐饮服务部与汽车销售并无从属关系，故符合增值税的兼营特征，是一种兼营行为。

按照《中华人民共和国增值税暂行条例实施细则》的规定，纳税人兼营非应税劳务的，应分别核算货物和应税劳务和非应税劳务的销售额，对货物和应税劳务的销售额按各自适用税率征收增值税，对非应税劳务的销售额适用的税率征收营业税；不分别核算或者不能准确核算货物或应税劳务和非应税劳务的销售额的，其非应税劳务应与货物或应税劳务一并征收增值税。

具体到本案中，根据我国《增值税暂行条例实施细则》的有关规定，纳税人在申报时应分别核算、分别纳税，显然此财会人员违反了法律的规定。而且按照《增值税暂行条例实施细则》的要求，对于不分别核算或者不能准确核算应税货物销售额和非应税劳务销售额的，应与货物或应税劳务一并征收增值税。故此汽车销售公司的纳税申办做法是不恰当、不合理的。

法律依据

《中华人民共和国增值税暂行条例》第三条规定："纳税人兼营不同税率的货物或者应税劳务，应当分别核算不同税率货物或者应税劳务的销售额；未分别核算销售额的，从高适用税率。"

《中华人民共和国增值税暂行条例》第十六条规定："纳税人兼营免税、减税项目的，应当分别核算免税、减税项目的销售额；未分别核算销售额的，不得免税、减税。"

《中华人民共和国增值税暂行条例实施细则》第七条规定："纳税人兼营非增值税应税项目的，应分别核算货物或者应税劳务和非增值税应税项目的营业额。未分别核算的，由主管税务机关核定货物或者应税劳务的销售额。"

10. 增值税纳税地点如何选择?

案情简介

王某为A县某村的个体工商户，专门从事销售化肥的业务。后来他从其他地方弄来一批高产化肥，效果非常好。为了拓展业务，王某计划在B县搞一次大型的促销活动。此促销活动持续了半年，取得了较好的效益。由于不知道如何纳税，故王某前往税务机关咨询。由于其既未开具外出经营活动的税收管理证明，也未向销售地即B县税务管理机关申报纳税，故A县税务机关要求其补交了税款。

专家提示

本案涉及增值税纳税地点如何选择的法律问题。

依照有关的法律、法规规定，增值税的纳税地点有以下几种情形：

（一）固定业户应当向其机构所在地的主管税务机关申报纳税。总机构和分支机构不在同一县（市）的，应当分别向各自所在地的主管税务机关申报纳税；经国务院财政、税务主管部门或者其授权的财政、税务机关批准，可以由总机构汇总向总机构所在地的主管税务机关申报纳税。

（二）固定业户到外县（市）销售货物或者应税劳务，应当向其机构所在地的主管税务机关申请开具外出经营活动税收管理证明，并向其机构所在地的主管税务机关申报纳税；未开具证明的，应当向销售地或者劳务发生地的主管税务机关申报纳税；未向销售地或者劳务发生地的主管税务机关申报纳税的，由其机构所在地的主管税务机关补征税款。

（三）非固定业户销售货物或者应税劳务，应当向销售地或者劳务发生地的主管税务机关申报纳税；未向销售地或者劳务发生地的主管税务机关申报纳税的，由其机构所在地或者居住地的主管税务机关补征税款。

（四）进口货物，应当向报关地海关申报纳税。

扣缴义务人应当向其机构所在地或者居住地的主管税务机关申报缴纳其扣缴的税款。

具体到本案中，王某到B县进行促销活动只是短期的一种行为，而且他是A县的固定业户，既未申报外出经营活动的税收管理证明，也未向销售地即B县税务管理机关交纳税款，A县税务机关要求其补交税款是合理的，有法律依据的。

法律依据

《中华人民共和国增值税暂行条例》第二十二条规定："增值税纳税地点：

（一）固定业户应当向其机构所在地的主管税务机关申报纳税。总机构和分支机构不在同一县（市）的，应当分别向各自所在地的主管税务机关申报纳税；经国务院财政、税务主管部门或者其授权的财政、税务机关批准，可以由总机构汇总向总机构所在地的主管税务机关申报纳税。

（二）固定业户到外县（市）销售货物或者应税劳务，应当向其机构所在地的主管税务机关申请开具外出经营活动税收管理证明，并向其机构所在地的主管税务机关申报纳税；未开具证明的，应当向销售地或者劳务发生地的主管税务机关申报纳税；未向销售地或者劳务发生地的主管税务机关申报纳税的，由其机构所在地的主管税务机关补征税款。

（三）非固定业户销售货物或者应税劳务，应当向销售地或者劳务发生地的主管税务机关申报纳税；未向销售地或者劳务发生地的主管税务机关申报纳税的，由其机构所在地或者居住地的主管税务机关补征税款。

（四）进口货物，应当向报关地海关申报纳税。

扣缴义务人应当向其机构所在地或者居住地的主管税务机关申报缴纳其扣缴的税款。"

11. 消费税的征税范围是什么?

案情介绍

2009年,某化妆品公司在11月生产了化妆品100万套,其中,80万套化妆品直接用于销售,10万套用做样品提供给消费者无偿使用,5万套留给职工作为年终奖励,5万套用作自己公司内部的销售。而该化妆品公司财务人员在申报11月份纳税时,只就直接对外销售的80万套及用做自己内部销售的5万套缴纳了消费税。税务机关通知其必须就广告样品、职工福利所用化妆品15万套补交消费税。

专家提示

此案涉及消费税的征税范围的法律问题。

根据我国《消费税暂行条例实施细则》的有关规定,消费税的征收范围应包括以下行为:

(一)纳税人生产用于销售的应税消费品,在这里所指的应税消费品是指有偿转让消费品的所有权,即以从受让方取得货币、货物、劳务或其他经济利益为条件转让应税消费品所有权。

(二)纳税人自产自用的应税消费品。包括纳税人将自产自用应税消费品用于生产非应税消费品、在建工程、管理部门、非生产机构、提供劳务、馈赠、赞助、集资、广告、样品、职工福利、奖励等方面。纳税人如果将自产自用的应税消费品用于连续生产的,不纳消费税。所称的"用于连续生产应税消费品",是指纳税人将自产自用的应税消费品作为直接材料生产最终应税消费品,自产自用应税消费品构成最终应税消费品的实体。

(三)委托加工的应税消费品。是指由委托方提供原料和主要材料,受托方只收取加工费和代垫部分辅助材料加工的应税消费品。对于由受托方提供原材料生产的应税消费品,或者受托方先将原材料卖给委托方,然后再接受加工的应税消费品,以及由受托方以委托方名义购进原材料生产的应税消费品,不论在财务上是否作销售处理,都不得作为委托加工应税消费品,而应当按照销售自制应税消费品缴纳消费税。委托加工的应税消费品直接出售的,不再缴纳消费税。委托个人加工的应税消费品,由委托方收回后缴纳消费税

(四)进口的应税消费品。对进口的应税消费品应在进口环节征收消费税,以平衡进口应税消费品与国内消费品的税负,保护国内产业的发展。

具体到本案中,根据《中华人民共和国消费税暂行条例实施细则》的相关规定,纳税人某化妆品公司用于广告样品、职工福利用的化妆品 15 万套应依法补缴消费税。

法律依据

《中华人民共和国消费税暂行条例》第四条规定:"纳税人生产的应税消费品,于纳税人销售时纳税。纳税人自产自用的应税消费品,用于连续生产应税消费品的,不纳税;用于其他方面的,于移送使用时纳税。

委托加工的应税消费品,除受托方为个人外,由受托方在向委托方交货时代收代缴税款。委托加工的应税消费品,委托方用于连续生产应税消费品的,所纳税款准予按规定抵扣。

进口的应税消费品,于报关进口时纳税。"

《中华人民共和国消费税暂行条例实施细则》第六条规定:“条例第四条第一款所称用于连续生产应税消费品,是指纳税人将自产自用的应税消费品作为直接材料生产最终应税消费品,自产自用应税消费品构成最终应税消费品的实体。

条例第四条第一款所称用于其他方面,是指纳税人将自产自用应税消费品用于生产非应税消费品、在建工程、管理部门、非生产机构、提供劳务、馈赠、赞助、集资、广告、样品、职工福利、奖励等方面。”

《中华人民共和国消费税暂行条例实施细则》第七条规定:“条例第四条第二款所称委托加工的应税消费品,是指由委托方提供原料和主要材料,受托方只收取加工费和代垫部分辅助材料加工的应税消费品。对于由受托方提供原材料生产的应税消费品,或者受托方先将原材料卖给委托方,然后再接受加工的应税消费品,以及由受托方以委托方名义购进原材料生产的应税消费品,不论在财务上是否作销售处理,都不得作为委托加工应税消费品,而应当按照销售自制应税消费品缴纳消费税。

委托加工的应税消费品直接出售的,不再缴纳消费税。

委托个人加工的应税消费品,由委托方收回后缴纳消费税。”

12. 纳税人缴纳消费税有几种税率?

案情简介

某酒厂于2009年10月生产销售白酒、其他酒和酒精，共收入1000万元。该厂负责申报纳税的人员统一按照5%缴纳了消费税。在2010年初进行税务检查中，税务机关查到了该厂的违法行为，并对该厂的行为进行了处理：要求该厂补缴少缴或未缴的税款，并给予了该厂罚款。

专家提示

此案涉及了消费税的税率问题。

按照我国《消费税暂行条例》的相关规定，征收消费税的消费品一般包括：烟；酒及酒精；化妆品；贵重首饰及珠宝玉石；鞭炮、焰火；成品油；汽车轮胎；摩托车；小汽车；高尔夫球及球具；高档手表；游艇；木制一次性筷子及实木地板等14个项目。有的税目还进一步划分为若干个子目，如酒及酒精这个税目就划分为白酒、黄酒、啤酒以及酒精等5个子目。

在纳税过程中，可根据不同的税目或子目确定相应的税率或单位税额。比如雪茄烟税率为25%、化妆品税率为30%等，而对于黄酒、啤酒和汽油、柴油则分别按单位重量或单位体积确定单位税额。比如黄酒每吨240元、柴油每升0.1元等。这些消费品按照重量或体积确定单位税额，主要是考虑到其社会用量都很大，以单位计税，方法简便易行。消费税税目税率表如下表所示：

消费税税目税率表

税目	税率
一、烟	
1.卷烟	
(1)甲类卷烟	45%加0.003元/支
(2)乙类卷烟	30%加0.003元/支
2.雪茄烟	25%
3.烟丝	30%

（续表）

税目	税率
二、酒及酒精 1. 白酒 2. 黄酒 3. 啤酒 (1)甲类啤酒 (2)乙类啤酒 4. 其他酒 5. 酒精	20%加 0.5 元/500 克 （或者 500 毫升） 240 元/吨 250 元/吨 220 元/吨 10% 5%
三、化妆品	30%
四、贵重首饰及珠宝玉石 1. 金银首饰、铂金首饰和钻石及钻石饰品	5%
2. 其他贵重首饰和珠宝玉石	10%
五、鞭炮、焰火	15%
六、成品油 1. 汽油 (1)含铅汽油 (2)无铅汽油 2. 柴油 3. 航空煤油 4. 石脑油 5. 溶剂油 6. 润滑油 7. 燃料油	 0.28 元/升 0.20 元/升 0.10 元/升 0.10 元/升 0.20 元/升 0.20 元/升 0.20 元/升 0.10 元/升
七、汽车轮胎	3%
八、摩托车 1. 气缸容量（排气量，下同）在 250 毫升（含 250 毫升）以下的 2. 气缸容量在 250 毫升以上的	 3% 10%
九、小汽车 1. 乘用车 (1)气缸容量（排气量，下同）在 1.0 升（含 1.0 升）以下的 (2)气缸容量在 1.0 升以上至 1.5 升（含 1.5 升）的 (3)气缸容量在 1.5 升以上至 2.0 升（含 2.0 升）的 (4)气缸容量在 2.0 升以上至 2.5 升（含 2.5 升）的 (5)气缸容量在 2.5 升以上至 3.0 升（含 3.0 升）的 (6)气缸容量在 3.0 升以上至 4.0 升（含 4.0 升）的 (7)气缸容量在 4.0 升以上的 2. 中轻型商用客车	 1% 3% 5% 9% 12% 25% 40% 5%
十、高尔夫球及球具	10%
十一、高档手表	20%
十二、游艇	10%
十三、木制一次性筷子	5%
十四、实木地板	5%

具体到本案中，纳税人某酒厂兼营不同税率的应税消费品(白酒20%，其他酒10%，酒精5%)，依照《中华人民共和国消费税暂行条例》规定，应分别核算三种产品的销售收入，分别适用税率纳税，否则一并按高税率适用征税。该酒厂不同税率的应税消费品未分别计算，应按20%的高税率申报纳税。该酒厂按照低税率5%申报纳税，属于偷税行为，应处以罚款，故税务机关的处理决定是合法的，有法律依据。

法律依据

《中华人民共和国消费税暂行条例》第二条规定："消费税的税目、税率，依照本条例所附的《消费税税目税率表》执行。消费税税目、税率的调整，由国务院决定。"

《中华人民共和国消费税暂行条例》第三条规定："纳税人兼营不同税率的应当缴纳消费税的消费品，应当分别核算不同税率应税消费品的销售额、销售数量；未分别核算销售额、销售数量，或者将不同税率的应税消费品组成成套消费品销售的，从高适用税率。

《中华人民共和国税务征收管理法》第六十三条规定："纳税人伪造、变造、隐匿、擅自销毁账簿、记账凭证，或者在账簿上多列支出或者不列、少列收入，或者经税务机关通知申报而拒不申报或者进行虚假的纳税申报，不缴或者少缴应纳税款的，是偷税。对纳税人偷税的，由税务机关追缴其不缴或者少缴的税款、滞纳金，并处不缴或者少缴的税款百分之五十以上五倍以下的罚款；构成犯罪的，依法追究刑事责任。

扣缴义务人采取前款所列手段，不缴或者少缴已扣、已收税款，由税务机关追缴其不缴或者少缴的税款、滞纳金，并处不缴或者少缴的税款百分之五十以上五倍以下的罚款；构成犯罪的，依法追究刑事责任。"

13. 纳税人去哪个税务机关缴纳消费税?

案情简介

张某为 A 县人,委托 B 县王某代销自产的应税消费品。应税消费品销售后,获得收入人民币 10 万元。当其所在地 A 县税务机关要求张某缴纳消费税时,张某以应税消费品在 B 县销售而拒绝履行缴纳消费税税款的义务。张某的做法对吗?

专家提示

此案涉及委托外县代销自产应税消费品的纳税人应该向哪个税务机关缴纳消费税的法律问题。

根据我国《消费税暂行条例》的相关规定,对纳税人缴纳消费税税款的纳税地点有如下规定:

1. 纳税人销售的应税消费品,以及自产自用的应税消费品,应当向纳税人核算地主管税务机关申报纳税。

2. 纳税人到外县(市)销售或委托外县(市)代销自产应税消费品的,于应税消费品销售后,回纳税人核算地或所在地缴纳消费税。

3. 纳税人的总机构与分支机构不在同一县(市)的,应在生产应税消费品的分支机构所在地缴纳消费税。但经国家税务总局及所属的省、自治区、直辖市国家税务局批准,纳税人分支机构应纳消费税税款,也可由总机构汇总向总机构所在地主管税务机关缴纳。

4. 委托加工的应税消费品,除受托方为个人外,由受托方向机构所在地或者居住地的主管税务机关解缴消费税税款。

5. 进口的应税消费品,由进口人或者其代理人向报关地海关申报纳税。

6. 纳税人销售的应税消费品，如因质量等原因由购买者退回时，经所在地主管税务机关审核批准后，可退还已征收的消费税税款。

7. 出口的应税消费品办理退税后，发生退关，或者国外退货进口时已予免税的，报关出口者必须及时向其所在地主管税务机关申报补缴已退的消费税税款。

具体到本案中，张某虽然是在 B 县销售了应税消费品，但是根据我国消费税暂行条例及其实施细则的相关规定，委托外县代销自产应税消费品的，应当回纳税人所在地税务机关缴纳税款。故 A 县税务机关要求张某缴纳消费税是符合法律规定的。

法律依据

《中华人民共和国消费税暂行条例》第十三条规定："纳税人销售的应税消费品，以及自产自用的应税消费品，除国务院财政、税务主管部门另有规定外，应当向纳税人机构所在地或者居住地的主管税务机关申报纳税。

委托加工的应税消费品，除受托方为个人外，由受托方向机构所在地或者居住地的主管税务机关解缴消费税税款。

进口的应税消费品，应当向报关地海关申报纳税。"

《中华人民共和国消费税暂行条例实施细则》第二十二条规定："出口的应税消费品办理退税后，发生退关，或者国外退货进口时予以免税的，报关出口者必须及时向其机构所在地或者居住地主管税务机关申报补缴已退的消费税税款。

纳税人直接出口的应税消费品办理免税后，发生退关或者国外退货，进口时已予以免税的，经机构所在地或者居住地主管税务机关批准，可暂不办理补税，待其转为国内销售时，再申报补缴消费税。"

《中华人民共和国消费税暂行条例实施细则》第二十三条规定:“纳税人销售的应税消费品,如因质量等原因由购买者退回时,经机构所在地或者居住地主管税务机关审核批准后,可退还已缴纳的消费税税款。”

《中华人民共和国消费税暂行条例实施细则》第二十四条规定:“纳税人到外县(市)销售或者委托外县(市)代销自产应税消费品的,于应税消费品销售后,向机构所在地或者居住地主管税务机关申报纳税。

纳税人的总机构与分支机构不在同一县(市)的,应当分别向各自机构所在地的主管税务机关申报纳税;经财政部、国家税务总局或者其授权的财政、税务机关批准,可以由总机构汇总向总机构所在地的主管税务机关申报纳税。

委托个人加工的应税消费品,由委托方向其机构所在地或者居住地主管税务机关申报纳税。

进口的应税消费品,由进口人或者其代理人向报关地海关申报纳税。”

14. 营业税的扣缴义务人是哪些？

案情简介

某公司是一家在美国注册登记的运输服务企业，该公司不仅在美国拥有极好的声誉，且其业务已拓展到其他国家。2009 年度，该公司通过向中国 A 公司提供运输服务而取得营业额 200 万元。此公司在中国没有代理人也没有营业机构，此时，税务机关应向谁收取营业税？

专家提示

本案涉及营业税扣缴义务人的法律问题。

根据《营业税暂行条例》的相关规定，营业税的扣缴义务人主要有以下几种：

（一）境外的单位或者个人在境内提供应税劳务、转让无形资产或者销售不动产，在境内未设有经营机构的，以其境内代理人为扣缴义务人；在境内没有代理人的，以受让方或者购买方为扣缴义务人。

（二）在中国境内承包工程作业非居民在中国境内发生营业税应税行为而在境内未设立经营机构的，以代理人为营业税的扣缴义务人；没有代理人的，以发包方、劳务受让方为扣缴义务人。

（三）国务院财政、税务主管部门规定的其他扣缴义务人。

具体到本案中，此案例是境外单位在中国境内提供劳务。而此公司作为在美国注册登记的运输企业，其提供的劳务显然属于交通运输业的税目范围，因此其在中国取得的收入应该向国内税务机关申报缴纳营业税。由于此公司并未在中国设立营业机构，也没有代理人，故应由国内的购买方为扣缴义务人，即应由A公司承担纳税义务，税务机关应向A公司征收营业税。

法律依据

《中华人民共和国营业税暂行条例》第十一条规定：“营业税扣缴义务人：

（一）中华人民共和国境外的单位或者个人在境内提供应税劳务、转让无形资产或者销售不动产，在境内未设有经营机构的，以其境内代理人为扣缴义务人；在境内没有代理人的，以受让方或者购买方为扣缴义务人。

（二）国务院财政、税务主管部门规定的其他扣缴义务人。”

15. 营业税的征收范围有哪些?

案情简介

个体工商户李某在某商场门口租赁了一块场地,以两台鲜榨果汁机制作不同口味的鲜果汁提供给来往顾客,并购置了几套桌椅供顾客休息。仅 2009 年一年便取得了营业收入 10 万元。李某不知其行为是应该申报增值税还是申报营业税,故向其所在地的税务机关咨询。

专家提示

本案涉及营业税征收范围的法律问题。

营业税的征收范围是指在我国境内提供应税劳务、转让无形资产和销售不动产的三种经营行为。具体是指:

(一)提供应税劳务。应税劳务是指除加工、修理修配以外的所有应纳营业税的劳务。其征收范围具体包括:

(1)交通运输业。交通运输业是指使用运输工具或者人力、畜力将货物或旅客送达目的地,使其空间位置得到转移的业务活动,包括陆路运输、水路运输、航空运输、管道运输和装卸搬运。

(2)建筑业。建筑业是指建筑安装工程作业等,包括建筑工程、安装工程、修缮工程、装饰工程和其他工程作业等项内容。

(3)金融保险业。金融业是指经营货币和信用融通的业务,包括贷款、融资租赁、金融商品转让、信托业和其他金融业务。保险业是指将通过契约形式集中起来的资金,用以补偿被保险人的经济利益的业务。

(4)邮电通信业。邮电通信业是专门办理信息传递业务活动的总称,包括邮政、电信及与邮政、电信相关的业务。

(5)娱乐业。娱乐业是指为娱乐活动提供场所和服务的业务。

(6)文化体育业。文化体育业是指经营文化、体育活动的业务,包括文化业和体育业。文化业指从事文化活动的业务,包括表演、播映、其他文化业。体育业是指举办各种体育比赛和为体育比赛或体育活动提供场所的业务。

(7)服务业。服务业是指利用设备、工具、场所、信息或技能为社会提供服务的业务,包括代理业、旅店业、饮食业、旅游业、仓储业、租赁业、广告业和其他服务业。

(二)转让无形资产。转让无形资产是指转让无形资产的所有权或使用权的行为,包括转让土地使用权、转让商标权、转让专利权、转让非专利技术、出租电影拷贝、转让著作权和转让商誉。以无形资产投资入股,参与接受投资方的利润分配,共担风险的行为,不属于营业税的征收范围。但是若转让该项股权,则属征收范围。

(三)销售不动产。销售不动产是指有偿转让不动产所有权的行为,包括销售建筑物或构筑物和销售其他土地附着物。以不动产投资入股,参与接受投资方利润分配,共同承担投资风险的行为,不征收营业税。

在我国现行流转税体系中,营业税和增值税并行征收,征收范围并不交叉。征收营业税的业务不再征增值税。根据《营业税税目注释》的规定,服务业项目的征收范围包括饮食业,而饮食业是指通过提供饮食和饮食场所的方式为顾客提供饮食消费服务的业务。而销售货物征收增值税的规定不包括既销售又提供场所服务的业务。如果仅仅销售货物而不提供场所服务,则应征收增值税;如果既销售货物又提供场所服务,则应征收营业税。具体到本案中，个体工商户李某在商场为顾客提供饮食和饮食场所服务，完全符合营业税税目的征税条件，故李某应向税务机关缴纳营业税。

法律依据

《中华人民共和国营业税暂行条例》第一条规定："在中华人民共和国境内提供本条例规定的劳务、转让无形资产或者销售不动产的单位和个人，为营业税的纳税人，应当依照本条例缴纳营业税。"

《中华人民共和国增值税暂行条例》第一条规定："在中华人民共和国境内销售货物或者提供加工、修理修配劳务以及进口货物的单位和个人，为增值税的纳税人，应当依照本条例缴纳增值税。"

16. 营业税的税目和税率是如何规定的?

案情简介

2009 年 6 月,某公司为了增加流动资金而将其闲置不用的一个旧仓库出售给 A 公司做厂房,售价为 50 万元。某公司税款缴纳人员向当地税务机关缴纳营业税,并就营业税税目和税率问题向当地税务机关请教。

专家提示

此案涉及营业税的税目和税率的法律问题。

根据我国《营业税暂行条例》的规定,营业税税目有九项:

(一) 交通运输业,包括陆路运输、水路运输、航空运输、管道运输和装卸搬运五大类,其税率为 3%。

(二) 建筑业,包括建筑工程、安装工程、修缮工程、装饰工程和其他工程作业等项内容,其税率为 3%。

(三) 金融保险业,包括金融业和保险业,其税率为 5%。

(四) 邮电通信业,包括邮政、电信及与邮政、电信相关的业务,其税率为 3%。

(五) 文化体育业,包括文化业和体育业,其税率为 3%。

(六) 娱乐业,包括经营歌厅、舞厅、卡拉 OK 歌舞厅、音乐茶座、台球、高尔夫球、保龄球场、网吧、游艺场等娱乐场所,其税率为 5%～20%。

(七) 服务业,包括代理业、旅店业、饮食业、旅游业、仓储业、租赁业、广告业和其他服务业,其税率为 5%。

(八) 转让无形资产,包括转让土地使用权、转让商标权、转让专利权、转让非专利技术、出租电影拷贝、转让著作权和转让商誉，其税率为5%。

（九）销售不动产，包括销售建筑物或构筑物和销售其他土地附着物，其税率为5%。

具体到本案中，此公司的业务是一种销售不动产的业务，其适用的税率应为5%。作为营业税的纳税人，此公司了解了相关的税目及税率的问题，就能依法纳税，做一个守法的好公民。

法律依据

《中华人民共和国营业税暂行条例》附件
营业税税目及税率表

税　目	税　率
一、交通运输业	3%
二、建筑业	3%
三、金融保险业	5%
四、邮电通信业	3%
五、文化体育业	3%
六、娱乐业	5%～20%
七、服务业	5%
八、转让无形资产	5%
九、销售不动产	5%

17. 如何确定交通运输业的营业额?

案情简介

某远洋运输公司将一批货物从宁波运往马来西亚,全程运费为人民币40万元,到马来西亚后,此远洋运输公司又委托当地的A运输公司将货物运达目的地交给客户,并支付给当地运输公司运费折合人民币5万元。某远洋运输公司在确定应税营业额时用全程运费减去支付给当地运输公司的运费,即40万元—5万元为35万元。经税务机关审核,申报准确。

专家提示

此案涉及交通运输业营业税的应税营业额确定的法律问题。

《营业税暂行条例》规定,营业税的应税营业额为纳税人提供应税劳务、转让无形资产和销售不动产,向对方收取的全部价款和价外费用。价外费用包括向对方收取的手续费、基金、集资费、代收款项及其他各种性质的价外收费。

我国《营业税暂行条例》又对运输业务应税营业额的确定作出以下特殊规定:

(一)运输企业自中华人民共和国境内载运旅客或货物出境,在境外其载运的旅客或货物改由其他运输企业承运的,以全程运费减去付给转运企业的运费后的余额为应税营业额。

(二)运输企业从事联运业务,以实际取得的营业额为计税依据。联运业务是指两个以上运输企业完成旅客或货物从发送地点至到达地点所进行的运输业务,联运业务表现为一票购买、收费、一票到底。

具体到本案中，此远洋运输公司对营业额的确定是依照《营业税暂行条例》的特殊规定，以全程运费减去付给转运企业的运费后的余额为应税营业额，其缴纳的营业税是正确的，符合法律规定。

法律依据

《中华人民共和国营业税暂行条例》第五条规定："纳税人的营业额为纳税人提供应税劳务、转让无形资产或者销售不动产收取的全部价款和价外费用。但是，下列情形除外：

(一)纳税人将承揽的运输业务分给其他单位或者个人的，以其取得的全部价款和价外费用扣除其支付给其他单位或者个人的运输费用后的余额为营业额；

(二)纳税人从事旅游业务的，以其取得的全部价款和价外费用扣除替旅游者支付给其他单位或者个人的住宿费、餐费、交通费、旅游景点门票和支付给其他接团旅游企业的旅游费后的余额为营业额；

(三)纳税人将建筑工程分包给其他单位的，以其取得的全部价款和价外费用扣除其支付给其他单位的分包款后的余额为营业额；

(四)外汇、有价证券、期货等金融商品买卖业务，以卖出价减去买入价后的余额为营业额；

(五)国务院财政、税务主管部门规定的其他情形。"

18. 如何确定建筑安装业的营业额?

案情简介

A 施工队是由几个有建筑经验的农民组成,由于具有很好的技术和诚信而非常有名。某建筑公司承包了当地一所酒店的施工工程,合同约定工程总承包金额为人民币 1000 万元。此建筑公司又将该工程转包给了 A 施工队,合同约定工程承包费为 200 万元。在不考虑其他因素的情况下,此建筑公司应纳营业税的营业额如何确定呢?

专家提示

此案涉及建筑安装业的营业额如何确定的法律问题。

依照我国《营业税暂行条例》的相关规定,建筑安装业应按实际取得的营业额计算应纳营业税。营业额是指提供应税劳务(公司建筑、安装行为)向客户收取的全部价款和价外费用。

(一)纳税人从事建筑、修缮、装饰工程作业,无论与对方如何结算,其营业额均应包括工程所用原材料及其他物资和动力的价款在内。

(二)建筑业的总承包人将工程分包或者转包给他人的,以工程的全部承包额减去支付给分包人或者转包人的价款后的余额为营业额。

(三)纳税人从事安装工程作业,凡所安装的设备的价值作为安装工程产值的,其营业额应包括设备的价款在内。

具体到本案中,建筑业的总承包人将工程分包或者转包给他人的，以工程的全部承包额减去支付给分包人或者转包人的价款后的余额为营业额，故某建筑公司的营业额为 1000－200＝800（万元）。

法律依据

《中华人民共和国营业税暂行条例》第五条规定：“纳税人的营业额为纳税人提供应税劳务、转让无形资产或者销售不动产收取的全部价款和价外费用。但是，下列情形除外：

（一）纳税人将承揽的运输业务分给其他单位或者个人的，以其取得的全部价款和价外费用扣除其支付给其他单位或者个人的运输费用后的余额为营业额；

（二）纳税人从事旅游业务的，以其取得的全部价款和价外费用扣除替旅游者支付给其他单位或者个人的住宿费、餐费、交通费、旅游景点门票和支付给其他接团旅游企业的旅游费后的余额为营业额；

（三）纳税人将建筑工程分包给其他单位的，以其取得的全部价款和价外费用扣除其支付给其他单位的分包款后的余额为营业额；

（四）外汇、有价证券、期货等金融商品买卖业务，以卖出价减去买入价后的余额为营业额；

（五）国务院财政、税务主管部门规定的其他情形。”

19. 如何确定金融保险业的营业额?

案情简介

某农村商业银行在 2009 年 10 月业务收支情况如下:①向当地企业贷款取得利息 100 万元;②从事期货买卖,买入价为 20 万元,卖出价为 23 万元,收益为 3 万元;③从其他银行借入资金用于贷款,支付利息 26 万元。该农村商业银行核定的营业额应该是多少?

专家提示

此案涉及金融保险业的营业额确定的法律问题。

根据《营业税暂行条例》的相关规定,金融保险业的营业额的确定有三种方法:一是以收入全额为营业额;二是以余额为营业额;三是以手续费收入为营业额。具体规定如下:

1. 一般贷款业务的营业额为贷款利息收入(包括各种加息、罚息)。

2. 融资租赁的营业额是以向承租者收取的全部价款和价外费用(包括残值)减去出租方承担的出租货物的实际成本后的余额为营业额(余额计税)。

3. 外汇、有价证券、期货等金融商品买卖业务,以卖出价减去买入价后的余额为营业额(余额计税)。

4. 金融经纪业务和其他金融业务营业额为手续费全部收入(全额计税)。

5. 保险业的营业额为纳税人从事保险业务向对方收取的全

部收入。

具体到本案中，此农村商业银行的贷款利息收入及从事期货买卖的收益应计入应纳营业税的营业额中，对于银行因借入其他行的资金而支付的利息，应在计算营业额中予以抵扣。故此农村商业银行的营业额为 100＋3－26＝77(万元)。

法律依据

《中华人民共和国营业税暂行条例》第五条规定："纳税人的营业额为纳税人提供应税劳务、转让无形资产或者销售不动产收取的全部价款和价外费用。但是，下列情形除外：

(一)纳税人将承揽的运输业务分给其他单位或者个人的，以其取得的全部价款和价外费用扣除其支付给其他单位或者个人的运输费用后的余额为营业额；

(二)纳税人从事旅游业务的，以其取得的全部价款和价外费用扣除替旅游者支付给其他单位或者个人的住宿费、餐费、交通费、旅游景点门票和支付给其他接团旅游企业的旅游费后的余额为营业额；

(三)纳税人将建筑工程分包给其他单位的，以其取得的全部价款和价外费用扣除其支付给其他单位的分包款后的余额为营业额；

(四)外汇、有价证券、期货等金融商品买卖业务，以卖出价减去买入价后的余额为营业额；

(五)国务院财政、税务主管部门规定的其他情形。"

20. 如何确定营业税的起征点?

案情简介

村民王某由于在外学会了一手做饭的好手艺,便在村里开了一家饭店。饭店从2010年5月开始营业,当月营业额为7000元,当地政府规定的按期缴纳营业税起征点为3000元。王某在申报纳税时,将营业税额定为了4000元(7000—3000)。税务机关在审查中发现,认为王某申报的税款在确定营业额时有误,要求其重新确定营业额缴纳营业税。

专家提示

本案涉及营业税的起征点确定的法律问题。

根据《营业税暂行条例实施细则》的规定,按期缴纳营业税的起征点为月营业额1000～5000元;按次缴纳营业税的起征点为每次(日)营业额100元。而且,纳税人营业额达到起征点的,应按照营业额全额计算应纳税额,而不是仅按超过起征点的部分征税。具体到本案中,王某的月营业额高于当地规定的营业额起征点,应就营业额的全额计算所要缴纳的营业税,即营业额应确定为7000元。故税务机关要求王某重新确定营业税是正确的,否则会造成王某少缴税款,造成偷税行为。

法律依据

《中华人民共和国营业税暂行条例》第十条规定："纳税人营业额未达到国务院财政、税务主管部门规定的营业税起征点的，免征营业税；达到起征点的，依照本条例规定全额计算缴纳营业税。"

《中华人民共和国营业税暂行条例实施细则》第二十三条规定："条例第十条所称营业税起征点，是指纳税人营业额合计达到起征点。

营业税起征点的适用范围限于个人。

营业税起征点的幅度规定如下：

（一）按期纳税的，为月营业额1000～5000元；

（二）按次纳税的，为每次（日）营业额100元。

省、自治区、直辖市财政厅（局）、税务局应当在规定的幅度内，根据实际情况确定本地区适用的起征点，并报财政部、国家税务总局备案。"

21. 营业税的纳税期限如何规定?

案情简介

农民江某为摆脱贫困,在某县开了一个理发店,并办理了相关的税务登记。江某知道要定期向当地的税务机关缴纳营业税,便主动向当地的税务机关咨询有关营业税缴纳期限的规定,免得造成逾期不缴纳税款的后果。

专家提示

本案涉及关于营业税的纳税期限如何确定的法律问题。

根据我国《营业税暂行条例》第十五条和《营业税暂行条例实施细则》第二十七条的规定,纳税期限有以下几种情形:

(一)营业税的纳税期限分别为 5 日、10 日、15 日、1 个月或者 1 个季度。纳税人的具体纳税期限,由主管税务机关根据纳税人应纳税额的大小分别核定;不能按照固定期限纳税的,可以按次纳税。

纳税人以 1 个月或者 1 个季度为一个纳税期的,自期满之日起 15 日内申报纳税;以 5 日、10 日或者 15 日为一个纳税期的,自期满之日起 5 日内预缴税款,于次月 1 日起 15 日内申报纳税并结清上月应纳税款。

(二)银行、财务公司、信托投资公司、信用社、外国企业常驻代表机构的纳税期限为 1 个季度。

(三)保险公司的纳税期限为 1 个月,其他纳税人的纳税期限由主管税务机关核定。

（四）扣缴义务人解缴税款的期限，依照营业税纳税期限的规定执行。

纳税人以1个月或者1个季度为一个纳税期的，自期满之日起15日内申报纳税；以5日、10日或者15日为一个纳税期的，自期满之日起5日内预缴税款，于次月1日起15日内申报纳税并结清上月应纳税款。

扣缴义务人解缴税款的期限，依照上述规定执行。

法律依据

《中华人民共和国营业税暂行条例》第十五条规定："营业税的纳税期限分别为5日、10日、15日、1个月或者1个季度。纳税人的具体纳税期限，由主管税务机关根据纳税人应纳税额的大小分别核定；不能按照固定期限纳税的，可以按次纳税。

纳税人以1个月或者1个季度为一个纳税期的，自期满之日起15日内申报纳税；以5日、10日或者15日为一个纳税期的，自期满之日起5日内预缴税款，于次月1日起15日内申报纳税并结清上月应纳税款。

扣缴义务人解缴税款的期限，依照前两款的规定执行。"

《中华人民共和国营业税暂行条例实施细则》第二十七条规定："银行、财务公司、信托投资公司、信用社、外国企业常驻代表机构的纳税期限为1个季度。"

22. 如何确定营业税的纳税时间和纳税地点?

案情简介

某饮料加工厂因业务开展不好,亏损严重,遂转让其打算盖厂房的B县土地给A企业,双方签订了《土地使用权转让合同》,并于2010年2月16日支付了全部的土地使用费给此饮料加工厂。此饮料加工厂应在什么时间向哪个税务机关缴纳营业税?

专家提示

此案涉及如何确定营业税的纳税时间和纳税地点的法律问题。

根据我国《营业税暂行条例》及其《营业税暂行条例实施细则》的相关规定,营业税纳税义务发生时间为纳税人提供应税劳务、转让无形资产或者销售不动产并收讫营业收入款项或者取得索取营业收入款项凭据的当天,但也有以下几种特殊情形:

(一)纳税人转让土地使用权或者销售不动产,采取预收款方式的,其纳税义务发生时间为收到预收款的当天。

(二)纳税人提供建筑业或者租赁业劳务,采取预收款方式的,其纳税义务发生时间为收到预收款的当天。

(三)纳税人将不动产或者土地使用权无偿赠送其他单位或者个人的,其纳税义务发生时间为不动产所有权、土地使用权转移的当天。

(四)纳税人发生自建行为的,其纳税义务发生时间为销售自建建筑物的纳税义务发生时间。

(五)营业税扣缴义务发生时间为纳税人营业税纳税义务发

生的当天。

根据营业税暂行条例及其实施细则的规定，营业税的纳税地点包含以下几个方面：

（一）纳税人提供应税劳务应当向其机构所在地或者居住地的主管税务机关申报纳税。但是，纳税人提供的建筑业劳务以及国务院财政、税务主管部门规定的其他应税劳务，应当向应税劳务发生地的主管税务机关申报纳税。

（二）纳税人转让无形资产应当向其机构所在地或者居住地的主管税务机关申报纳税。但是，纳税人转让、出租土地使用权，应当向土地所在地的主管税务机关申报纳税。

（三）纳税人销售、出租不动产应当向不动产所在地的主管税务机关申报纳税。

（四）扣缴义务人应当向其机构所在地或者居住地的主管税务机关申报缴纳其扣缴的税款。

具体到本案中，根据上述规定，某饮料加工厂应于 2010 年 2 月 16 日收到土地使用费的当天即发生纳税义务，应于次月 10 日前向不动产所在地 B 县税务机关申报缴纳营业税。

法律依据

《中华人民共和国营业税暂行条例》第十二条规定：“营业税纳税义务发生时间为纳税人提供应税劳务、转让无形资产或者销售不动产并收讫营业收入款项或者取得索取营业收入款项凭据的当天。国务院财政、税务主管部门另有规定的，从其规定。

营业税扣缴义务发生时间为纳税人营业税纳税义务发生的当天。”

《中华人民共和国营业税暂行条例》第十四条规定:“营业税纳税地点:

(一)纳税人提供应税劳务应当向其机构所在地或者居住地的主管税务机关申报纳税。但是,纳税人提供的建筑业劳务以及国务院财政、税务主管部门规定的其他应税劳务,应当向应税劳务发生地的主管税务机关申报纳税。

(二)纳税人转让无形资产应当向其机构所在地或者居住地的主管税务机关申报纳税。但是,纳税人转让、出租土地使用权,应当向土地所在地的主管税务机关申报纳税。

(三)纳税人销售、出租不动产应当向不动产所在地的主管税务机关申报纳税。

扣缴义务人应当向其机构所在地或者居住地的主管税务机关申报缴纳其扣缴的税款。”

《中华人民共和国营业税暂行条例实施细则》第二十五条规定:“纳税人转让土地使用权或者销售不动产,采取预收款方式的,其纳税义务发生时间为收到预收款的当天。

纳税人提供建筑业或者租赁业劳务,采取预收款方式的,其纳税义务发生时间为收到预收款的当天。

纳税人发生本细则第五条所称将不动产或者土地使用权无偿赠送其他单位或者个人的,其纳税义务发生时间为不动产所有权、土地使用权转移的当天。

纳税人发生本细则第五条所称自建行为的,其纳税义务发生时间为销售自建建筑物的纳税义务发生时间。”

23. 营业税减税项目的适用范围是什么?

案情简介

邱某从农业大学毕业,为了使自己所学的知识运用到实践中,他开设了病虫害防治的培训学校。邱某认为自己应该缴纳营业税,故向税务机关进行咨询。税务人员告诉他,他所从事的工作属于营业税的减免项目,不必缴纳营业税。

专家提示

此案主要涉及营业税的减税项目的法律问题。营业税的减免项目具体包含以下项目:

(一)托儿所、幼儿园、养老院、残疾人福利机构提供的育养服务、婚姻介绍、殡葬服务;

(二)残疾人员个人提供的劳务;

(三)医院、诊所和其他医疗机构提供的医疗服务;

(四)学校和其他教育机构提供的教育劳务、学生勤工俭学提供的劳务;

(五)农业机耕、排灌、病虫害防治、植物保护、农牧保险以及相关技术培训业务,家禽、牲畜、水生动物的配种和疾病防治;

(六)纪念馆、博物馆、文化馆、文物保护单位管理机构、美术馆、展览馆、书画院、图书馆举办文化活动的门票收入,宗教场所举办文化、宗教活动的门票收入;

(七)境内保险机构为出口货物提供的保险产品。

具体到本案中，根据上述第（五）条的规定，邱某不必缴纳营业税。

法律依据

《中华人民共和国营业税暂行条例》第八条规定：“下列项目免征营业税：

（一）托儿所、幼儿园、养老院、残疾人福利机构提供的育养服务、婚姻介绍、殡葬服务；

（二）残疾人员个人提供的劳务；

（三）医院、诊所和其他医疗机构提供的医疗服务；

（四）学校和其他教育机构提供的教育劳务、学生勤工俭学提供的劳务；

（五）农业机耕、排灌、病虫害防治、植物保护、农牧保险以及相关技术培训业务，家禽、牲畜、水生动物的配种和疾病防治；

（六）纪念馆、博物馆、文化馆、文物保护单位管理机构、美术馆、展览馆、书画院、图书馆举办文化活动的门票收入，宗教场所举办文化、宗教活动的门票收入；

（七）境内保险机构为出口货物提供的保险产品。

除前款规定外，营业税的免税、减税项目由国务院规定。任何地区、部门均不得规定免税、减税项目。”

24. 个人所得税的征收范围是什么？

案情简介

某歌星A与某一唱片公司签约，从2009年2月起开始每周末到唱片公司录制唱片，并且唱完后当即付劳务费1万元。根据约定，A在2009年2月，共到唱片公司唱了6次。此时，A应该如何缴纳个人所得税。

专家提示

此案涉及个人所得税的征收范围问题。

按照我国《个人所得税法》第二条的规定，个人所得税的征税对象是个人所得，其具体征税项目有11个（详见法律依据中）。本案例涉及的劳务报酬所得，属于个人所得税的征收范围。而且根据《个人所得税实施细则》的规定，此歌手连续一个月内到唱片公司六次，属于同一事项的连续性收入，应以一个月内取得的总收入即6万元作为纳税所得额。

法律依据

《中华人民共和国个人所得税法》第二条规定：“下列各项个人所得，应纳个人所得税：

一、工资、薪金所得；

二、个体工商户的生产、经营所得；

三、对企事业单位的承包经营、承租经营所得；

四、劳务报酬所得；

五、稿酬所得；

六、特许权使用费所得；

七、利息、股息、红利所得；

八、财产租赁所得；

九、财产转让所得；

十、偶然所得；

十一、经国务院财政部门确定征税的其他所得。”

《中华人民共和国个人所得税法实施条例》第二十一条规定：“税法第六条第一款第四项、第六项所说的每次，按照以下方法确定：

（一）劳务报酬所得，属于一次性收入的，以取得该项收入为一次；属于同一项目连续性收入的，以一个月内取得的收入为一次。

（二）稿酬所得，以每次出版、发表取得的收入为一次。

（三）特许权使用费所得，以一项特许权的一次许可使用所取得的收入为一次。

（四）财产租赁所得，以一个月内取得的收入为一次。

（五）利息、股息、红利所得，以支付利息、股息、红利时取得的收入为一次。

（六）偶然所得，以每次取得该项收入为一次。”

25. 工资、薪金所得如何缴纳个人所得税？

案情简介

某校大学生冯某是一家高科技公司的员工，根据劳动合同的规定，该企业付给冯某每月工资、薪金1.2万元，加班费2000元，因表现出色给予个人先进奖1500元。对于此种情形，冯某应如何缴纳个人所得税？

专家提示

此案涉及工资、薪金所得如何缴纳个人所得税的法律问题。

根据我国《个人所得税法》的规定，工资、薪金所得，适用超额累进税率，税率为百分之三至百分之四十五。工资、薪金所得，以每月收入额减除费用三千五百元（3500元）后的余额，为应纳税所得额。

在本案中涉及冯某的三笔收入，即工资、薪金1.2万元，此笔收入应列入应纳税所得额；而对于加班费和个人现金奖不属于免税项目，故应当与本月工资、薪金合并确定应纳税所得额。故冯某的应纳税所得额为12000＋2000＋1500－3500＝12000（元），应纳税额为13500×25％－1005＝2370（元）。故冯某应向税务机关缴纳个人所得税2370元。

法律依据

《中华人民共和国个人所得税法》第三条第一款规定："工资、薪金所得,适用超额累进税率,税率为百分之三至百分之四十五(税率表附后)。"

《中华人民共和国个人所得税法》第六条第一款规定："工资、薪金所得,以每月收入额减除费用三千五百元(3500元)后的余额,为应纳税所得额。"

个人所得税税率表一(工资、薪金所得适用)

级数	全月应纳税所得额	税率(%)	速算扣除数
1	不超过1500元的	3	0
2	超过1500元至4500元的部分	10	105
3	超过4500元至9000元的部分	20	555
4	超过9000元至35000元的部分	25	1005
5	超过35000元至55000元的部分	30	2755
6	超过55000元至80000元的部分	35	5505
7	超过80000元的部分	45	13505

(注:本表所称全月应纳税所得额是指依照本法第六条规定,以每月收入额减除费用三千五百元以及附加减除费用后的余额。)

26. 个体工商户的生产经营所得如何缴纳个人所得税?

案情简介

赵某是从事商品销售的个体工商户,在 2009 年全年取得收入为:商品销售总额为 20 万元,全年发生的成本、费用及损失 7 万元,房屋租金月收入 2200 元,年收入 26400 元。赵某不知道自己如何确定应纳税额,故向税务机关请教此问题,税务机关向其讲解了关于个体工商户该怎样缴纳个人所得税的问题。

专家提示

此案涉及个体工商户缴纳个人所得税的法律问题。

根据我国《个人所得税法》的规定,个体工商户的生产、经营所得和对企事业单位的承包经营、承租经营所得,适用 5%～35% 的超额累进税率。个体工商户的生产、经营所得,以每一纳税年度的收入总额,减除成本、费用以及损失后的余额,为应纳税所得额。劳务报酬所得、稿酬所得、特许权使用费所得、财产租赁所得,每次收入不超过 4000 元的,减除费用 800 元;4000 元以上的,减除 20%的费用,其余额为应纳税所得额。

具体到本案中,赵某所确定销售收入的应纳税所得额为 20－7＝13(万元)。房屋租金作为财产租赁所得,每次的收入为 2200 元,未超过 4000 元,故减除费用 800 元后是应纳税所得额。故赵某的销售收入应税税额为:130000×35%－14750＝30750(元);房屋租金收入应纳税额为:(2200－800)×20%×12＝3360(元)。

法律依据

《中华人民共和国个人所得税法》第三条第二款规定："个体工商户的生产、经营所得和对企事业单位的承包经营、承租经营所得，适用百分之五至百分之三十五的超额累进税率。"

《中华人民共和国个人所得税法》第六条第二款规定："个体工商户的生产、经营所得，以每一纳税年度的收入总额，减除成本、费用以及损失后的余额，为应纳税所得额。"

个人所得税税率表二

（个体工商户的生产、经营所得和对企事业单位的承包经营、承租经营所得适用）

级数	全月应纳税所得额	税率(%)	速算扣除数
1	不超过15000元的	5	0
2	超过15000元至30000元的部分	10	750
3	超过30000元至60000元的部分	20	3750
4	超过60000元至100000元的部分	30	9750
5	超过100000元的部分	35	14750

（注：本表所称全年应纳税所得额是指依照本法第六条的规定，以每一纳税年度的收入总额，减除成本、费用以及损失后的余额。）

27. 承包经营、承租经营所得如何缴纳个人所得税？

案情简介

2009年度，王某和其所在事业单位签订了承包印刷厂的合同，合同约定承包期为2009年1月1日至12月31日。在这一年中，承包的印刷厂实现经营利润9万元，并领到了个人应得工资及奖金3万元。由于涉及王某缴纳个人所得税的问题，特向税务机关咨询如何缴纳个人所得税。

专家指导

此案涉及承包经营、承租经营所得如何缴纳个人所得税的法律问题。

根据我国《个人所得税法实施条例》的规定，对企事业单位的承包经营、承租经营所得，是指个人承包经营、承租经营以及转包、转租取得的所得，包括个人按月或者按次取得的工资、薪金性质的所得。在计算个人所得税额时，应以每一纳税年度的收入总额，减除必要费用后的余额，为应纳税所得额。所说的减除必要费用，是指按月减除2000元，然后按照《个人所得税税率表》计算应纳税额。

具体到本案中，王某的全年应纳税所得额为：90000＋30000－12×2000＝96000(元)。全年应纳税额为：96000×30％－9750＝19050(元)。

法律依据

《中华人民共和国个人所得税法》第六条第三款的规定为："对企事业单位的承包经营、承租经营所得，以每一纳税年度的收入总额，减除必要费用后的余额，为应纳税所得额。"

《中华人民共和国个人所得税法实施条例》第十八条的规定为："税法第六条第一款第三项所说的每一纳税年度的收入总额，是指纳税义务人按照承包经营、承租经营合同规定分得的经营利润和工资、薪金性质的所得；所说的减除必要费用，是指按月减除2000元。"

《中华人民共和国个人所得税法实施条例》第二十七条的规定为："税法第六条第三款所说的附加减除费用，是指每月在减除2000元费用的基础上，再减除本条例第二十九条规定数额的费用。"

《中华人民共和国个人所得税法实施条例》第二十九条的规定为："税法第六条第三款所说的附加减除费用标准为2800元。"

个人所得税税率表二

（个体工商户的生产、经营所得和对企事业单位的承包经营、承租经营所得适用）

级数	全月应纳税所得额	税率(%)	速算扣除数
1	不超过15000元的	5	0
2	超过15000元至30000元的部分	10	750
3	超过30000元至60000元的部分	20	3750
4	超过60000元至100000元的部分	30	9750
5	超过100000元的部分	35	14750

（注：本表所称全年应纳税所得额是指依照本法第六条的规定，以每一纳税年度的收入总额，减除成本、费用以及损失后的余额。）

28. 劳务报酬所得如何缴纳个人所得税?

案情简介

某纺织厂技术顾问李某,应邀利用业余时间为某单位设计图纸。合同中约定等图纸完成后,某单位支付给李某报酬 4 万元。按照《个人所得税》的相关规定,李某应缴纳多少个人所得税?

专家提示

此案涉及个人通过劳务获得劳动报酬后如何缴纳个人所得税的法律问题。

按照我国《个人所得税法》的规定,劳务报酬所得,属于一次性收入的,以取得该项收入为一次;属于同一项目连续性收入的,以一个月内取得的收入为一次。

劳务报酬所得、稿酬所得、特许权使用费所得、财产租赁所得,每次收入不超过 4000 元的,减除费用 800 元;4000 元以上的,减除 20%的费用,其余额为应纳税所得额。该项所得适用 20%的比例税率,对于劳务报酬所得一次收入畸高,实行加成征收。对前款应纳税所得额超过 2 万元至 5 万元的部分,依照税法规定计算应纳税额后再按照应纳税额加征五成;超过 5 万元的部分,加征十成。

应纳税额的计算如下:

(1)每次收入不足 4000 元的,应纳税额=应纳税所得额×适用税率=(每次收入额-800)×20%

(2)每次收入在 4000 元至 2 万元,应纳税额=应纳税所得额×适用税率=每次收入额(1-20%)×20%

(3)每次收入的应纳税所得额超过 2 万元的,应纳税额=应纳税所得额×适用税率-速算扣除数=每次收入额(1-20%)×

税率－速算扣除数

具体到本案中，李某的劳务报酬应税所得额为＝40000×(1－20％)＝32000(元)

应纳税额＝32000×30％－2000＝7600(元)

法律依据

《中华人民共和国个人所得税法》第三条第四款规定："劳务报酬所得，适用比例税率，税率为百分之二十。对劳务报酬所得一次收入畸高的，可以实行加成征收，具体办法由国务院规定。"

《中华人民共和国个人所得税法》第六条第四款规定："劳务报酬所得、稿酬所得、特许权使用费所得、财产租赁所得，每次收入不超过四千元的，减除费用八百元；四千元以上的，减除百分之二十的费用，其余额为应纳税所得额。"

《中华人民共和国个人所得税法实施条例》第十一条规定："税法第三条第四项所说的劳务报酬所得一次收入畸高，是指个人一次取得劳务报酬，其应纳税所得额超过2万元。

对前款应纳税所得额超过2万元至5万元的部分，依照税法规定计算应纳税额后再按照应纳税额加征五成；超过5万元的部分，加征十成。"

劳务报酬个人所得税税率表

级数	每次应纳税所得额	税率(％)	速算扣除数
1	不超过20000元的	20	0
2	20000～50000元的部分	30	2000
3	超过50000元的部分	40	7000

29. 稿酬所得如何缴纳个人所得税?

案情简介

农民作家张某出版一部小说，获得稿酬 3 万元，后经过其同意，又在某刊物上连载三次，分别获得稿酬 4200 元、3600 元、5000 元。张某应如何向税务机关缴纳个人所得税?

专家提示

本案涉及稿费该如何缴纳个人所得税的法律问题。

根据我国《个人所得税法》的规定，稿酬所得，适用比例税率，税率为百分之二十，并按应纳税额减征百分之三十。

在实践中，对于作者每次以图书、报刊方式出版、发表统一作品时，不论出版单位是预付还是分笔支付稿酬，后者加印该作品后再付稿酬，均应合并其稿酬所得一次计征个人所得税。同一作品在报刊上连载，应合并其因连载而取得的报酬之后计征个人所得税。在其连载之后又出书取得稿酬所得，或先出书后连载取得稿酬所得，应视同再版稿酬分次计征个人所得税。

稿酬费用减除标准与劳务报酬的费用减除相同。应纳税额的计算如下：

(1)每次稿酬收入不足 4000 元的，应纳税额＝(每次收入额－800)×20%×(1－30%)

(2)每次稿酬收入在 4000 元以上的，应纳税额＝每次收入额(1－20%)×20%×(1－30%)

具体到本案中，张某单独出版小说的应纳税额＝30000×

(1－20％)×20％×(1－30％)＝3360(元)；在刊物上连载三次小说的应纳税额＝(4200＋3800＋5000)×(1－20％)×20％×(1－30％)＝1456(元)

法律依据

《中华人民共和国个人所得税法》第三条第三款规定："稿酬所得，适用比例税率，税率为百分之二十，并按应纳税额减征百分之三十。"

《中华人民共和国个人所得税法》第六条第四款规定："劳务报酬所得、稿酬所得、特许权使用费所得、财产租赁所得，每次收入不超过四千元的，减除费用八百元；四千元以上的，减除百分之二十的费用，其余额为应纳税所得额。"

《中华人民共和国个人所得税法实施条例》第八条第五款规定："稿酬所得，是指个人因其作品以图书、报刊形式出版、发表而取得的所得。"

30. 特许经营使用费所得如何缴纳个人所得税？

案情简介

某著名女作家将自己收藏了 20 年的珍贵文字作品手稿，通过一家拍卖公司进行了拍卖，取得了拍卖所得 100 万元。

专家提示

本案中涉及特许使用费该如何缴纳个人所得税的法律问题。

《个人所得税法实施条例》规定，特许使用费所得是指个人提供专利权、商标权、著作权、非专利技术以及其他特许权的使用权取得的所得；提供著作权的使用权取得所得，不包括稿酬所得。而且，特许使用费所得的费用减除标准与劳务报酬的费用减除相同。特许权使用费所得适用比例税率，税率为 20％。

应纳税额的计算：

(1)每次特许权使用费收入不足 4000 元的，应纳税额＝(每次收入额 － 800)×20％

(2)每次特许权使用费收入在 4000 元以上的，应纳税额＝每次收入额(1－20％)×20％

具体到本案中，此女作家应纳税额为：100×(1－20％)×20％＝16(万元)

法律依据

《中华人民共和国个人所得税法》第三条第五款规定：“特许权使用费所得，利息、股息、红利所得，财产租赁所得，财产转让所得，偶然所得和其他所得，适用比例税率，税率为百分之二十。”

《中华人民共和国个人所得税法实施条例》第八条第六款规定：“特许权使用费所得，是指个人提供专利权、商标权、著作权、非专利技术以及其他特许权的使用权取得的所得；提供著作权的使用权取得的所得，不包括稿酬所得。”

《中华人民共和国个人所得税法》第六条第四款规定：“劳务报酬所得、稿酬所得、特许权使用费所得、财产租赁所得，每次收入不超过四千元的，减除费用八百元；四千元以上的，减除百分之二十的费用，其余额为应纳税所得额。”

31. 利息、股息、红利所得如何缴纳个人所得税？

案情简介

某村民王某是公司的股东，2009 年 6 月共进行了以下几项活动：首先，从公司领取集资款利息 4 万元；其次，投资证券投资基金取得分红 2 万元；最后在公司领取公司股息 3 万元。王某该如何向税务机关缴纳个人所得税。

专家提示

此案涉及利息、股息、红利该如何缴纳个人所得税的法律问题。

利息、股息、红利所得是指个人拥有债权、股权而取得的利息、股息、红利所得。按照《个人所得税法》的相关规定，利息是指个人拥有债权而取得的利息，包括存款利息、贷款利息和各种债券利息。除国债和国家发行的金融债券利息外，个人取得的利息所得，应当依法缴纳个人所得税。股息、红利是指个人拥有股权取得的股息、红利。按照一定的比率对每股发给的息金叫股息；公司、企业应当分配的利润，按股份分配的叫红利。股息、红利所得，除另有规定的外，应当缴纳个人所得税。

利息、股息、红利所得，以纳税人每次取得的收入额为个人所得税应纳税所得额，按照 20％的税率计算应纳税额。

应纳税额计算公式：应纳税额＝每次收入额×20％

具体到本案中，王某应缴纳的个人所得税税额为：(4＋2＋3)×20％＝1.8(万元)

法律依据

《中华人民共和国个人所得税法》第三条第五款规定："特许权使用费所得，利息、股息、红利所得，财产租赁所得，财产转让所得，偶然所得和其他所得，适用比例税率，税率为百分之二十。"

《中华人民共和国个人所得税法》第六条规定："利息、股息、红利所得，偶然所得和其他所得，以每次收入额为应纳税所得额。"

《中华人民共和国个人所得税法实施条例》第八条第七款规定："利息、股息、红利所得，是指个人拥有债权、股权而取得的利息、股息、红利所得。"

32. 财产租赁所得如何缴纳个人所得税?

案情简介

居民张某2009年5月将自己在城区的一套住房出租给自己的同事小李居住,租期一年,每月的租金收入为3000元。在不考虑其他税费的情况下,张某应缴纳多少个人所得税?

专家提示

此案涉及财产租赁所得如何缴纳个人所得税的法律问题。

财产租赁所得,是指个人出租建筑物、土地使用权、机器设备、车船以及其他财产取得的所得。

财产租赁的应纳税所得额=每次取得的财产租赁收入-合理费用-费用扣除标准

合理费用包括以下项目:

(1)纳税人在出租财产过程中缴纳的税金、教育费附加,可凭完税凭证,从财产租赁收入中扣除。

(2)由纳税人负担的该出租财产实际开支的修缮费用,必须是实际发生并能够提供有效准确凭证的支出,以每次扣除800元为限,一次扣除不完的,可以继续扣除,直至扣完为止。

费用扣除标准为:每次收入不超过4000元的,可以扣除800元;每次收入超过4000元的,可以扣除收入的20%,财产租赁所得的个人所得税的适用税率为20%,计算公式为:

(1)每次收入不足4000元的,应纳税额=(每次收入额-800)×20%

(2)每次收入在4000元以上的，应纳税额＝每次收入额(1－20%)×20%

具体到本案中，张某应缴纳个人所得税为：(3000－800)×20%＝440(元)

法律依据

《中华人民共和国个人所得税法》第三条第五款规定："特许权使用费所得，利息、股息、红利所得，财产租赁所得，财产转让所得，偶然所得和其他所得，适用比例税率，税率为百分之二十。"

《中华人民共和国个人所得税法》第六条第四款规定："劳务报酬所得、稿酬所得、特许权使用费所得、财产租赁所得，每次收入不超过四千元的，减除费用八百元；四千元以上的，减除百分之二十的费用，其余额为应纳税所得额。"

33. 财产转让所得如何缴纳个人所得税?

案情简介

某农民王某将自有设备一台榨油机转让给农民张某，取得价款 1.5 万元，减除机器原有价值以及同时发生的运输费、人工费等 8000 元，实际获得 7000 元。王某应当缴纳多少个人所得税?

专家提示

此案涉及财产转让所得缴纳个人所得税的法律问题。

财产转让所得，是指个人转让有价证券、股权、建筑物、土地使用权、机器设备、车船以及其他财产取得的所得。以一次转让财产收入额(不管分多少次支付，均应合并为一次转让财产收入)减去财产原值和合理费用后的余额为应纳税所得额，适用 20%的税率计算缴纳个人所得税。

财产转让所得应纳税额的计算公式为：

应纳个人所得税税额＝应纳税所得额×20%

应纳税所得额＝每次转让财产收入额－财产原值－合理费用

确定财产原值，有以下几种情况：

一是有价证券，为买入价以及买入时按照规定缴纳的有关费用。

二是建筑物，为建造费或者购进价格以及其他有关费用。

三是土地使用权，为取得土地使用权所支付的金额、开发土地的费用以及其他有关费用。

四是机器设备、车船，为购进价格、运输费、安装费以及其他有关费用。

五是其他财产原值，参照以上四种办法确定。

上述财产原值的确定，个人必须提供有关的合法凭证；对未能提供完整、准确的财产原值合法凭证而不能正确计算财产原值的，税务部门可根据当地实际情况核定其财产原值或实行核定征收。例如房产转让，如果纳税人不能准确提供房产原值和有关税费凭证，无法确定房产原值时，税务机关可以综合考虑该项房产的坐落地、建造时间、当地房价、面积等因素，按房产转让收入额的一定比例核定征收个人所得税。

合理费用是指个人在卖出财产时按有关规定所支付的费用，如营业税及其附加、中介服务费、资产评估费，等等。

具体到本案中，农民王某应缴纳的个人所得税为：(15000－8000)×20％＝1400(元)

法律依据

《中华人民共和国个人所得税法》第六条第五款规定："财产转让所得，以转让财产的收入额减除财产原值和合理费用后的余额，为应纳税所得额。"

《中华人民共和国个人所得税法》第三条第五款规定："特许权使用费所得，利息、股息、红利所得，财产租赁所得，财产转让所得，偶然所得和其他所得，适用比例税率，税率为百分之二十。"

34. 偶然所得如何缴纳个人所得税？

案情简介

农民蒋某去县里一家商场购物中了一等奖，奖金2万元。中奖后的蒋某知道应缴纳个人所得税，但不知道交多少，故向税务机关咨询。

专家提示

此案涉及偶然所得是否应该缴纳个人所得税的问题。

偶然所得是指个人得奖、中奖、中彩以及其他偶然性质的所得。得奖是指参加各种有奖竞赛活动，取得名次得到的奖金。中奖、中彩是指参加各种有奖活动，如有奖销售、有奖储蓄或者购买彩票，经过规定程序，抽中、摇中号码而取得的奖金。偶然所得实行全额比例征税，适用比例税率为20%。

应纳税额的计算＝应纳税所得额×20%＝每次收入额×20%

具体到本案中，农民蒋某应纳税额＝20000×20%＝4000（元）

法律依据

《中华人民共和国个人所得税法》第三条第五款规定："特许权使用费所得，利息、股息、红利所得，财产租赁所得，财产转让所得，偶然所得和其他所得，适用比例税率，税率为百分之二十。"

《中华人民共和国个人所得税法》第六条第六款规定："利息、股息、红利所得，偶然所得和其他所得，以每次收入额为应纳税所得额。"

《中华人民共和国个人所得税法实施条例》第八条第十款规定："偶然所得，是指个人得奖、中奖、中彩以及其他偶然性质的所得。"

35. 纳税人在国内外均有收入的应当如何缴纳个人所得税?

案情简介

王某是我国某家大型知名企业的总经理，由于其在工商管理方面卓越的研究成果，被澳大利亚某大学商学院聘请为客座教授，王某是中国国籍，但是每年他都要前往澳大利亚进行相关课程的教授。2010 年 6 月，王某在企业中月收入为 2 万元，在澳大利亚做客座教授月收入为 1.5 万元。王某的收入由于一年超过 12 万元，所以须自行申报个人所得税。请问王某如何申报自己的个人所得税?

专家提示

本案涉及纳税人在国内外分别取得工资薪金的如何缴纳个人所得税的法律问题。

根据 2007 年 12 月新修订的《中华人民共和国个人所得税法》规定，在中国境内有住所或者无住所而在境内居住满一年的个人，从中国境内和境外取得的所得，依照本法规定缴纳个人所得税。纳税义务人如果从中国境内取得的所得，在境外已经缴纳了个人所得税，在中国缴纳个人所得税时应当扣除，但扣除额不得超过我国法律规定的该项收入的应纳税额。在外国已缴纳个人所得税的，应当提供境外税务机关填发的完税凭证原件。

纳税义务人是否需要在中国继续缴纳个人所得税，主要取决于纳税义务人在国外缴纳的个人所得税是否超过依照中国法律计算出的国外收入应当缴纳的税款。比如，张三在外国一个月收入 6 万元，按照该国的法律张三需要缴纳个人所得税 400 元，但是按照中国的法律张三需要缴纳 600 元，则此时，即使是张三在国外已经缴纳个人所得税，但是在回国后张三仍需要把差额的

200 元补足；但如果是该项收入按照中国的法律只需征收 200 元，则张三就不需要对此项税收再行缴纳个人所得税。

本案中，王某对于澳大利亚的收入在澳大利亚先行缴纳个人所得税后，如果依照中国法律计算出的数额低于澳大利亚的应纳税额的话，王某就无须对该项收入在中国进行二次纳税。

法律依据

《中华人民共和国个人所得税法》第七条规定："纳税义务人从中国境外取得的所得，准予其在应纳税额中扣除已在境外缴纳的个人所得税税额。但扣除额不得超过该纳税义务人境外所得依照本法规定计算的应纳税额。"

《中华人民共和国个人所得税法实施条例》第三十三条规定："税法第七条所说的依照税法规定计算的应纳税额，是指纳税义务人从中国境外取得的所得，区别不同国家或者地区和不同所得项目，依照税法规定的费用减除标准和适用税率计算的应纳税额；同一国家或者地区内不同所得项目的应纳税额之和，为该国家或者地区的扣除限额。

纳税义务人在中国境外一个国家或者地区实际已经缴纳的个人所得税税额，低于依照前款规定计算出的该国家或者地区扣除限额的，应当在中国缴纳差额部分的税款；超过该国家或者地区扣除限额的，其超过部分不得在本纳税年度的应纳税额中扣除，但是可以在以后纳税年度的该国家或者地区扣除限额的余额中补扣。补扣期限最长不得超过五年。"

《中华人民共和国个人所得税法实施条例》第三十四条规定："纳税义务人依照税法第七条的规定申请扣除已在境外缴纳的个人所得税税额时，应当提供境外税务机关填发的完税凭证原件。"

36. 哪些产品属于资源税的征收范围?

案情简介

案例一：河南省A市经过国家相关部门的资源勘探，在A市地下发现大量的煤炭、铝土矿和稀土矿等矿产资源，随后几年，一些单位和个人相继申请对这些资源进行开采，但是上述这些资源都需要缴纳资源税吗?

案例二：青海省是我国固体盐的主要生产地，那么在青海设立企业和个人对固体盐的开采需要缴纳资源税吗?

专家提示

上述两个案例涉及资源税的缴纳主体和缴纳范围如何确定的问题。

根据我国《资源税暂行条例》的规定，在中华人民共和国境内开采本条例规定的矿产品或者生产盐的单位和个人，为资源税的纳税义务人。当然，资源税的征收有关于资源种类的限制，相关单位和个人所经营的相关资源类型在我国《资源税暂行条例》征收范围之内，就应当缴纳资源税。

资源税的征收有以下一些特点：一是征收范围小，只对特定资源征收；二是资源税的征税目的，主要是调节资源开采企业的收入差距，保持企业之间公平的竞争条件；三是采取从量定额征收的方法；四是资源税属于中央和地方财政共享。具体到资源税的征收税目，包括七大类：

1. 原油，是指开采的天然原油，不包括人造石油，不包括油母页岩等炼制的原油。

2. 天然气，是指专门开采或与原油同时开采的天然气，暂不包括由煤炭生产的天然气。

3. 煤炭，是指原煤，不包括原煤加工后的产品。

4. 其他非金属矿原矿，是指除了原油、天然气、煤炭、井矿盐以外的其他金属矿资源。

5. 黑色金属矿原矿，是指纳税人开采后自用、销售的，包括铁矿石、锰矿石和铝矿石。

6. 有色金属矿原矿，包括铜矿石、铅锌矿石、铝土矿石、钨矿石、锡矿石、锑矿石、铝矿石、黄金矿石以及镍矿石等。

7. 盐，包括固体盐和液体盐。固体盐是指海盐原盐、湖盐原盐和井原盐；液体盐是指氯化钠含量达到一定浓度的溶液，是用于生产碱和其他产品的原料。

需要注意的是未列举名称的其他非金属矿原矿和其他有色金属原矿，由省、自治区、直辖市人民政府决定征收或暂缓征收资源税，并报财政部和国家税务总局备案；另外进口矿产品和盐以及经营已税矿产品或盐的个人均不再缴纳资源税。

法律依据

《中华人民共和国资源税暂行条例》第一条规定："在中华人民共和国境内开采本条例规定的矿产品或者生产盐(以下简称开采或者生产应税产品)的单位和个人，为资源税的纳税义务人(以下简称纳税人)，应当依照本条例缴纳资源税。"

《中华人民共和国资源税暂行条例》第六条规定："资源税的课税数量：(一)纳税人开采或者生产应税产品销售的，以销售数量为课税数量。(二)纳税人开采或者生产应税产品自用的，以自用数量为课税数量。"

37. 建筑业代扣代缴营业税税款法律是如何规定的?

案情简介

某集体性质建筑公司经地方税务机关确定其税款征收方式为查账征收。2009 年 6 月,该建筑公司承接了一大型商场的建筑工程项目,总承包额达到了 2.2 亿多元。由于该工程规模量大,以及某些部分作业相对独立,所以,该建筑公司将部分工程以分包的形式承包给了 A、B 两家建筑公司。其中 A 建筑公司分包额为 2000 万元,B 建筑公司分包额为 8000 万元。在缴纳营业税时,三家的营业税该由谁具体缴纳呢?

专家提示

上述案例涉及在建筑工程分包过程中,发包人和承包人之间缴纳营业税时的代扣代缴问题。

所谓分包,是指从事工程总承包的单位将所承包的建筑工程的一部分依法发包给具有相应资质的承包单位的行为,分包的部分主要是专业性较强的工程部分或者非主要的建筑部分。该总承包人并不退出承包关系,其就第三人完成的工作成果向发包人承担连带责任。

所谓转包,是指承包者将承包的工程转包给其他施工单位的行为。分包和转包的不同点在于,分包工程的总承包人参与施工并自行完成建设项目的一部分,而转包工程的总承包人不参与施工。二者的共同点是,分包和转包单位都不直接与建设单位签订承包合同,而直接与总承包人签订承包合同。

根据税法对营业税相关计税方法的规定，当建筑业的总承包人将工程分包或者转包给他人的，应以全部价款减去付给分包人或者转包人的价款后的余额为营业额。其分包和转包业务营业税纳税人不是总承包人，而是分包人和转包人。

但在扣缴义务人的规定方面，我国《中华人民共和国营业税暂行条例》有明确规定："建筑安装业务实行分包或者转包的，以总承包人为扣缴义务人。"因为在办理工程结算时，是由总承包人统一向建设单位结算并收取工程价款的，工程收入首先全部反映在总承包人的"工程结算"科目的贷方。在总承包人和分包、转包人进行结算时，再把应付分包或转包单位的工程款从"工程结算"科目中扣除。也就是说，全部工程款项，都会反映在总承包人的账面上。根据这一特点，在营业税的征收过程中，为了堵塞漏洞、简化征收手续，法律明确了具体的扣缴义务人为总承包人。

在扣缴义务人的法律责任方面，我国法律规定扣缴义务人如果未按照规定设置、保管代扣代缴、代收代缴税款账簿或者保管代扣代缴、代收代缴税款记账凭证及有关资料的，由税务机关责令限期改正，可以处以 2000 元以下的罚款；情节严重的，处以 2000 元以上 5000 元以下的罚款。但假如纳税人未按规定的期限办理纳税申报和报送纳税材料的，或者扣缴义务人未按照规定的期限向税务机关报送代扣代缴、代收代缴税款报告表和有关资料的，由税务机关责令限期改正，并可处以罚款。

上述案例中，该建筑公司应当缴纳营业税，并对 A 和 B 两家建筑公司承担代收代缴的营业税的义务。具体的计算过程如下：

(1) 建筑公司应当缴纳的营业税为(22000 － 2000 － 8000)×3％＝360(万元)

(2) 代扣代缴 A 建筑公司营业税为 2000×3％＝60(万元)

(3) 代扣代缴 B 建筑公司营业税为 8000×3％＝240(万元)

法律依据

《中华人民共和国税收征收管理法(新征管法)》第六十一条规定:"扣缴义务人未按照规定设置、保管代扣代缴、代收代缴税款账簿或者保管代扣代缴、代收代缴税款记账凭证及有关资料的,由税务机关责令限期改正,可以处二千元以下的罚款;情节严重的,处二千元以上五千元以下的罚款。"

《中华人民共和国税收征收管理法(新征管法)》第六十二条规定:"纳税人未按照规定的期限办理纳税申报和报送纳税资料的,或者扣缴义务人未按照规定的期限向税务机关报送代扣代缴、代收代缴税款报告表和有关资料的,由税务机关责令限期改正,可以处二千元以下的罚款;情节严重的,可以处二千元以上一万元以下的罚款。"

38. 资源税应纳税额是如何计算的?

案情简介

河南省昌平煤炭有限公司是一家独立核算的煤炭开采企业，昌平煤炭有限公司在新疆省还有一个下属的煤炭生产企业，2009年该企业开采原煤340万吨，其中包含新疆省分公司生产的原煤60万吨，当年销售原煤的数量为300万吨，其中新疆分公司的销售量为50万吨。假如说原煤的每吨单位税额4元，那么该企业在本省需要缴纳的资源税应纳税额是多少?

专家提示

根据法律的相关规定，资源税的应纳税额，按照应税产品的课税数量和规定的单位税额计算。应纳税额计算公式为:应纳税额=课税数量×单位税额。纳税人开采或者生产应税产品销售的，以销售数量为课税数量。纳税人的减税、免税项目，应当单独核算课税数量;未单独核算或者不能准确提供课税数量的，不予减税或者免税。纳税人不能准确提供应税产品销售数量或移送使用数量的，以应税产品的产量或主管税务机关确定的折算比换算成的数量为课税数量。

资源税的一个重要特征就是对原矿征收，因此如果是精加工矿，要还原成原矿，按照原矿的数量计税。如煤矿销售的是选煤，则还要折算成原煤数量再行计税。如销售的是适用两种以上固定税额的矿产品时，应分别核算;如未分别核算，则税率要从高税率产品进行税额计算。

纳税人开采或者生产应税产品自用的，以自用数量为课税数量，按照适用税率计算应纳税额。自产自用的产品，包括用于连续生产和非生产两类，用于连续生产的，如果纳税人不能准确计算使用量的，以应税产品的产量或主管税务机关确定的折算比换算成的数量为课税数量。

上述案例中，纳税人跨省开采资源产品，其下属生产单位与核算单位不在同一省，则开采的矿产品一律在开采地纳税。所以该煤炭开采企业的应纳税额为(300 － 50)×4＝1000(万元)

法律依据

《中华人民共和国资源税暂行条例》第四条规定："纳税人开采或者生产不同税目应税产品的，应当分别核算不同税目应税产品的课税数量；未分别核算或者不能准确提供不同税目应税产品的课税数量的，从高适用税额。"

《中华人民共和国资源税暂行条例》第五条规定："资源税的应纳税额，按照应税产品的课税数量和规定的单位税额计算。应纳税额计算公式：应纳税额＝课税数量×单位税额。"

《中华人民共和国资源税暂行条例》第六条规定："资源税的课税数量：

(一)纳税人开采或者生产应税产品销售的，以销售数量为课税数量。

(二)纳税人开采或者生产应税产品自用的，以自用数量为课税数量。"

39. 城镇土地使用税的缴纳主体和缴纳时计算标准法律是如何规定的?

案情简介

2009年5月,刘某在保定市开办了一家餐饮公司,实际占地2.4万平方米。由于2010年经营规模的扩大,公司又受让了一块尚未办理土地使用证书的土地,面积约3000平方米,公司按其实际开发使用的1000平方米进行申报纳税,以上土地所在地政府核定的土地使用税单位税额假若是2元/平方米,那么该公司实际应当缴纳的城镇土地使用税是多少?法律关于纳税主体是如何规定的?

专家提示

本案涉及城镇土地使用税的纳税标准计算和纳税主体等相关法律问题。

城镇土地使用税的征税对象是依据税法规定征税区域属于国家或集体所有的土地。城镇土地使用税以纳税人实际占用的土地面积为计税依据,依照规定税额计算征收。在城市、县城、建制镇、工矿区范围内使用土地的单位和个人,为城镇土地使用税(以下简称"土地使用税")的纳税人,应当依照相关条例的规定缴纳土地使用税。这里所说的企业,既包括国有企业、集体企业、私营企业、股份制企业、外商投资企业、外国企业以及其他企业,也包括事业单位、社会团体、国家机关、军队以及其他单位;法律规定纳税主体中的个人,包括个体工商户以及其他个人。

在现实经济生活中,使用土地的情况十分复杂,税法根据用地者的不同情况,对纳税人做了如下规定:

(一) 城镇土地使用税由拥有土地使用权的单位或个人缴纳;

（二）土地使用权未确定或者权属纠纷未解决的，由实际使用人缴纳；

（三）土地使用权为两个人或两个人以上的，由共有各方分别纳税；

（四）对外商投资企业和外国企业暂不适用城镇土地使用税。

城镇土地使用税征收计算的具体公式是：应纳税额＝计税土地面积×适用税额

在实际的计算过程中，城镇土地使用的是分级差别幅度征税，每平方米城镇土地使用税年税额如下：大城市 1.5～30 元；中等城市 1.2～24 元；小城市 0.9～18 元；县城、建制镇、工矿区 0.6～12元。

针对本案中的情况，刘某实际占用的土地数量为 24000＋1000＝25000(平方米)，所以纳税人应当缴纳的城镇土地使用税税额为 25000×2＝50000(元)

法律依据

《中华人民共和国城镇土地使用税暂行条例(2006 年修订)》第二条规定："在城市、县城、建制镇、工矿区范围内使用土地的单位和个人，为城镇土地使用税(以下简称'土地使用税')的纳税人，应当依照本条例的规定缴纳土地使用税。

前款所称单位，包括国有企业、集体企业、私营企业、股份制企业、外商投资企业、外国企业以及其他企业和事业单位、社会团体、国家机关、军队以及其他单位；所称个人，包括个体工商户以及其他个人。"

《中华人民共和国城镇土地使用税暂行条例(2006 年修订)》第三条规定："土地使用税以纳税人实际占用的土地面积为计税依据，依照规定税额计算征收。"

40. 缴纳房产税的纳税主体都有哪些？

案情简介

王某名下有房屋三套，其中第一套自己居住，第二套出租给别人居住，年收入租金9000元，第三套房王某出租给某饭店经营使用，年收取租金5万元。王某后两套房子分别和承租人签订了租赁协议，有效期均为2年。2009年3月，税务机关得知此事后找到王某，要求王某依法办理纳税申报，缴纳房产税。王某咨询相关人员想了解一下房产税的征收主体都包括哪些？

专家提示

本案涉及房产税的缴纳主体的相关法律规定问题。

房产税是以房产为征收对象，按照房产的价值或租金向房产的所有人或占用人课征的一种地方税种。房产税在城市、县城、建制镇和工矿区征收。房产税暂行条例规定房产税由产权所有人缴纳。产权属于全民所有的，由经营管理的单位缴纳。产权出典的，由承典人缴纳。产权所有人、承典人不在房产所在地的，或者产权未确定及租典纠纷未解决的，由房产代管人或者使用人缴纳。

在房屋的使用过程中，往往会出现房屋所有人出典的情况，即在一定的期限内将房屋转让给其他人使用，这期间双方一般都会订立有关合同，产权所有人称为房屋出典人；支付现金或实物的人称为房屋承典人。

外商投资企业、外国企业和外籍人员及华侨和中国香港、澳门、台湾同胞在内地拥有房产的，应按照《城市房地产税暂行条例》的规定来缴纳房产税，不适用《房产税暂行条例》的相关规定。

法律依据

《中华人民共和国房产税暂行条例》第二条规定："房产税由产权所有人缴纳。产权属于全民所有的，由经营管理的单位缴纳。产权出典的，由承典人缴纳。产权所有人、承典人不在房产所在地的，或者产权未确定及租典纠纷未解决的，由房产代管人或者使用人缴纳。

前款列举的产权所有人、经营管理单位、承典人、房产代管人或者使用人，统称为纳税义务人（以下简称纳税人）。"

《中华人民共和国房产税暂行条例》第三条规定："房产税依照房产原值一次减除10%至30%后的余值计算缴纳。具体减除幅度，由省、自治区、直辖市人民政府规定。没有房产原值作为依据的，由房产所在地税务机关参考同类房产核定。房产出租的，以房产租金收入为房产税的计税依据。"

41. 房产税的应纳税额如何计算?

案情简介

某私营企业有价值为2600万元的房产,其中在城市中的房产为2500万元,在农村还有一个仓库价值100万元。2009年3月,该公司将在城市房产中的30%用于和一外商联营,约定每年固定分红50万元,该公司不承担任何商业风险。假如当地政府规定的扣除比例为20%,请问这家公司2009年应当缴纳的房地产税额是多少?

专家提示

本案涉及房屋应纳税所得额计算问题。

房产税依照房产原值一次减除10%～30%后的余值计算缴纳。具体减除幅度,由省、自治区、直辖市人民政府规定。没有房产原值作为依据的,由房产所在地税务机关参考同类房产核定。房产出租的,以房产租金收入为房产税的计税依据。房产税的税率,依照房产余值计算缴纳的,税率为1.2%;依照房产租金收入计算缴纳的,税率为12%。

依照房产余值计算纳税的,其计税公式是:

应纳税额＝房产原值×(1 － 减除比率)×适用税率1.2%

依照房产租金计算纳税的,其计税公式为:

应纳税额＝租金收入×适用税率1.2%

本案中,纳税人以房产联营投资,不承担联营风险,只收取固定收入的,房产税应由出租方按租金收入计缴;未投资的房产仍按房产余值计缴房地产税。所以 2009 年该企业应纳税额为：$50\times12\% + 2500\times70\% \times(1-20\%)\times1.2\% = 6 + 16.8 = 22.8$(万元)

法律依据

《中华人民共和国房产税暂行条例》第三条规定："房产税依照房产原值一次减除 10%至 30%后的余值计算缴纳。具体减除幅度，由省、自治区、直辖市人民政府规定。

没有房产原值作为依据的，由房产所在地税务机关参考同类房产核定。

房产出租的，以房产租金收入为房产税的计税依据。"

《中华人民共和国房产税暂行条例》第四条规定："房产税的税率，依照房产余值计算缴纳的，税率为 1.2%；依照房产租金收入计算缴纳的，税率为 12%。"

《中华人民共和国房产税暂行条例》第七条规定："房产税按年征收、分期缴纳。纳税期限由省、自治区、直辖市人民政府规定。"

42. 哪些个人应缴纳车船使用税?

案情简介

随着我国居民收入的日益提高，不管是城市还是农村购买汽车的积极性也越发的强烈，那么到底法律规定哪些人在购买车辆后需要缴纳车船使用税？家住农村的王某，为了自家农田生产作业及日常生活需要，购买了一辆小型货车，王某需要缴纳车船使用税吗？

专家提示

本案涉及个人购买使用车辆时车船使用税的缴纳主体及购买什么样的车辆需要缴纳车船使用税的问题。

凡在中华人民共和国境内拥有并且使用车船的单位和个人，为车船使用税的纳税义务人。车船拥有人与使用人不一致的，由拥有人和使用人商定到底由谁纳税，暂未商定的，由使用人纳税。车船使用税的征税对象为在我国境内公路和航道上行驶的车船。纳税义务人购买的车船暂时未使用的，可以不向纳税机关申报纳税；已纳税的车辆，如果停止使用，必须及时向税务机关报告实际停用情况，否则在停用期间依然要缴纳车船使用税。

我国相关法律还规定了免于缴纳车船使用税的情形，分别为：非机动车船（不包括非机动驳船）；拖拉机；捕捞、养殖渔船；军队、武警专用的车船；警用车船；按照有关规定已经缴纳船舶吨税的船舶；依照我国有关法律和我国缔结或者参加的国际条约的规定应当予以免税的外国驻华使馆、领事馆和国际组织驻华机构及其有关人员的车船。

本案中王某购买的小型货车，由于不在免税的车船范围之内，所以仍需要缴纳车船使用税。

法律依据

《中华人民共和国车船使用税暂行条例》第一条规定："在中华人民共和国境内，车辆、船舶(以下简称车船)的所有人或者管理人为车船税的纳税人，应当依照本条例的规定缴纳车船税。本条例所称车船，是指依法应当在车船管理部门登记的车船。"

《中华人民共和国车船使用税暂行条例》第七条规定："下列车船免征车船税：

(一) 非机动车船(不包括非机动驳船)；

(二) 拖拉机；

(三) 捕捞、养殖渔船；

(四) 军队、武警专用的车船；

(五) 警用车船；

(六) 按照有关规定已经缴纳船舶吨税的船舶；

(七) 依照我国有关法律和我国缔结或者参加的国际条约的规定应当予以免税的外国驻华使馆、领事馆和国际组织驻华机构及其有关人员的车船。"

《中华人民共和国车船使用税暂行条例》第九条规定："车船的所有人或者管理人未缴纳车船税的，使用人应当代为缴纳车船税。"

43. 缴纳印花税时有哪些具体的纳税方法?

案情简介

方圆实业有限公司于2010年分别签订了如下对外合同:①与某A企业签订以货换货合同,方圆实业有限公司的货物价值200万元,对方公司的货物价值150万元;②与B企业签订加工承揽合同,委托B企业加工一批液化气储藏罐,合同规定方圆实业有限公司提供原材料共计10万元,并保证原材料质量,加工费为3万元;③与某高校科研所签订技术开发合同,先行缴纳技术开发费用20万元,技术成果最终归方圆实业有限公司所有。方圆实业有限公司在2010年签订的这些合同中该怎么缴纳印花税?总共有几种缴纳方法?

专家提示

本案涉及印花税缴纳方法的问题。

我国法律规定,印花税的纳税方法,根据税额大小、贴花次数以及税收征收管理的需要,可以分别采用下列三种纳税方法:

(1)自行贴花方法。自行贴花方法即"三自"纳税办法,是指纳税人在发生纳税义务时,应当根据应税凭证的性质和适用的税目税率,自行计算应纳税额,自行购买印花税票,自行一次贴足印花税票并加以注销或画销。这种办法适用于应税凭证较少或者贴花次数较少的纳税人。整个纳税完税的程序是:纳税人根据凭证书上记载的计税金额自行计算应纳税额,购买相当金额的印花税票,粘贴在凭证的适当位置,然后自行注销;注销的方法是可以用钢笔、毛笔等书写工具,在印花税票与凭证的交接处画几条横线注销。不论贴多少枚印花税票，都要将税票予以注销，印花税票注销后就完成了纳税手续。这时纳税人应当对纳税凭证进行一定期限的保存，以便纳税人员进行纳税检查。

(2)汇贴或汇缴方法。“汇贴”方法是指一份凭证应纳税额超过 500 元，应当向当地税务机关申请填写缴款书或者完税证，将其中一联粘贴，或在凭证上加注完税标记代替贴花。这种办法适用于应纳税额较大或者贴花次数频繁的纳税人。同一种类应税凭证，需频繁贴花的，一般采用汇缴，汇总缴纳的期限由当地税务机关确定，但最长期限不得超过一个月。

(3)委托代征方法。委托代征方法是指通过税务机关的委托，由发放或者办理应纳税凭证的单位代为征收印花税税款。法律规定工商行政管理负责代售印花税票，征收印花税税款，并监督领受的单位和个人负责贴花。

法律依据

《中华人民共和国印花税暂行条例》第五条规定：“印花税实行由纳税人根据规定自行计算应纳税额，购买并一次贴足印花税票(以下简称贴花)的缴纳办法。

为简化贴花手续，应纳税额较大或者贴花次数频繁的，纳税人可向税务机关提出申请，采取以缴款书代替贴花或者按期汇总缴纳的办法。”

《中华人民共和国印花税暂行条例施行细则》第二十条规定：“应纳税凭证粘贴印花税票后应即注销。纳税人有印章的，加盖印章注销；纳税人没有印章的，可用钢笔(圆珠笔)画几条横线注销。注销标记应与骑缝处相交。骑缝处是指粘贴的印花税票与凭证及印花税票之间的交接处。”

44. 如何缴纳契税？

案情简介

2010 年 6 月，王某在国际某项赛事上取得了男子跳水 10 米板的冠军，王某所在的 A 省体育局基于王某的优秀表现，在 A 省省会城市奖励给王某两室一厅的房子一套，价值 46 万元。假如当地政府的契税税率是 5%，那么该跳水冠军王某如何缴纳契税？

专家提示

本案涉及如何缴纳契税的相关问题。

我国《契税暂行条例》明确规定，在中华人民共和国境内转移土地、房屋权属，承受的单位和个人为契税的纳税义务人。

契税的计税依据是从价计税。具体由于土地和房屋权属转移方式、定价方式的不同而不同，一般包括以下几种不同情况：

1. 国有土地使用权出让、土地使用权出售和房屋买卖的，成交价格为计税依据，成交价格是指土地、房屋权属转移合同确定的价格，包括承受者应交付的货币、实物、无形资产或其他经济利益。国有土地使用权的转让中，作为契税依据的土地使用权出让的成交价格，其计税价格不仅仅是受让者支付的土地出让金，还应该包括受让者为取得土地使用权而支付的其他费用，例如安置费、补偿费、动迁费等。

2. 土地使用权赠与、房屋赠与的，由征收机关参照土地使用权出售、房屋买卖市场的价格来进行核定。在土地使用权或房屋赠与的过程中，往往会出现房屋的成交价格明显低于市场价格而没有正当理由的，此时需要由征收机关参照市场价格核定。这个规定主要是为了防止纳税人以不实的价格逃避纳税。

3. 土地使用权交换、房屋交换的，为所交换的土地使用权、房屋价格的差额。当土地或房屋交换价格的差额不为零时，由土地或房屋价格低的一方按差额缴纳税款。

4. 以划拨方式取得土地使用权，经批准转让房地产的，由房地产转让者补缴契税。计税依据为补缴的土地使用税出让费用或土地收益。

本案中王某受赠的房屋应当缴纳契税，其具体的缴纳依据为依照房屋买卖市场同等的房屋进行评估，即按照市场价格 46 万元进行纳税。所以王某的应纳税额为：$46\times3\%=1.38$（万元）

法律依据

《中华人民共和国契税暂行条例》第四条规定："契税的计税依据：

（一）国有土地使用权出让、土地使用权出售、房屋买卖，为成交价格；

（二）土地使用权赠与、房屋赠与，由征收机关参照土地使用权出售、房屋买卖的市场价格核定；

（三）土地使用权交换、房屋交换，为所交换的土地使用权、房屋的价格的差额。

前款成交价格明显低于市场价格并且无正当理由的，或者所交换土地使用权、房屋的价格的差额明显不合理并且无正当理由的，由征收机关参照市场价格核定。"

《中华人民共和国契税暂行条例》第五条规定："契税应纳税额，依照本条例第三条规定的税率和第四条规定的计税依据计算征收。应纳税额计算公式：

应纳税额＝计税依据×税率

应纳税额以人民币计算。转移土地、房屋权属以外汇结算的，按照纳税义务发生之日中国人民银行公布的人民币市场汇率中间价折合成人民币计算。"

二、纳税途径

1. 企业的纳税地点该如何确定?

案情简介

张亮原本是镇木材加工厂的高级木工，后来由于镇木材加工厂倒闭，张亮就决定利用自身的技术优势，并集合了原来木材加工厂的十几名木工师傅，于 2009 年 10 月 22 日在 A 市成立了一家中型的木材加工企业，但在成立不久，就有人告诉张亮，从事生产经营的纳税人在领取营业执照之日起 30 日内要申报办理纳税登记，但作为农民的张亮对去哪里进行纳税申报一无所知，针对此困惑，他向专家进行了咨询。

专家提示

本案涉及中小企业纳税地点如何确定的问题。

从事生产经营的纳税人应当自领取营业执照之日起 30 日内，向生产、经营地或者纳税义务发生地的主管税务机关申报办理税务登记，如实填写税务登记表和其他有关的税务文件和资料。扣缴义务人应当自扣缴义务发生之日起 30 日内，向所在地的主管税务机关申报办理扣缴税款登记，领取扣缴税款登记证件。在企业的分类中，一般居民企业以机构场所为纳税地点，非居民企业在中国境内设有两个或两个以上的机构、场所的，经税务机关批准可以选择一个场所。本案中，张亮经营的木材加工企业作为一家普通的居民企业，因此其纳税地点应该是其木材加工厂所在地的税务机关，上述案例中张亮经营的木材加工企业所需要缴纳的税属于私营企业生产经营所得税，属于国务院规定的地方税务系统的征税范围，所以张亮应当到木材加工厂所在地的地税局或者下属的税务所进行纳税申报登记。

法律依据

《中华人民共和国企业所得税法》第五十条规定："除税收法律、行政法规另有规定外，居民企业以企业登记注册地为纳税地点；但登记注册地在境外的，以实际管理机构所在地为纳税地点。居民企业在中国境内设立不具有法人资格的营业机构的，应当汇总计算并缴纳企业所得税。"

《中华人民共和国企业所得税法》第五十一条规定："非居民企业取得本法第三条第二款规定的所得，以机构、场所所在地为纳税地点。非居民企业在中国境内设立两个或者两个以上机构、场所的，经税务机关审核批准，可以选择由其主要机构、场所汇总缴纳企业所得税。非居民企业取得本法第三条第三款规定的所得，以扣缴义务人所在地为纳税地点。"

《中华人民共和国企业所得税法实施条例》第一百二十七条规定："企业所得税法第五十一条所称经税务机关审核批准，是指经各机构、场所所在地税务机关的共同上级税务机关审核批准。非居民企业经批准汇总缴纳企业所得税后，需要增设、合并、迁移、关闭机构、场所或者停止机构、场所业务的，应当事先由负责汇总申报缴纳企业所得税的主要机构、场所向其所在地税务机关报告；需要变更汇总缴纳企业所得税的主要机构、场所的，依照前款规定办理。"

2. 临时转移住所和经营地点需要变更纳税地点吗?

案情简介

2008年10月11日,A市国税稽查局接到相关群众举报,声称B市某化肥加工厂,自2008年3月1日起在A市私自设立临时销售点,销售本厂生产的化肥产品,并在短时间内获取了大量的销售收入,但是从未进行纳税申报。接到举报后,A市国税稽查局决定对此事件立即进行立案调查。2008年10月24日,由市国税稽查局三名稽查人员和两名在税务机关协助清理欠税工作的法院工作人员组成的检查组,对该化肥销售点进行了突击性的税务稽查。检查后发现该销售点确实未在A市办理过任何有关税务登记的手续,自2008年3月1日起,由刘某承包经营,销售点未将有关承包经营的情况向税务机关报告。因销售点拒绝提供有关资料,检查组采用核定应纳税额的方法确定该销售点的应纳税额为5万元,2008年12月11日,市国税稽查局给销售点下达了税务行政处罚通知书和税务处理决定书,对销售点处以应纳税额税额1倍的罚款,罚款5万元,限销售点在12月20日前缴清税款、滞纳金和罚款。

专家提示

本案涉及临时转移生产经营场所是否需要缴纳税款以及如何缴纳的问题。

根据现行的《中华人民共和国税收征收管理法实施细则》第二十一条的规定,凡是从事生产、经营的纳税人到外县(市)临时从事生产、经营活动的,应当持税务登记证副本和所在地税务机关填开的外出经营活动税收管理证明,向营业地税务机关报验登记,接受税务管理。在同一地累计超过180天的,应当在营业地办理税务登记手续。针对本案提供的情况，化肥厂应该首先到B市主管税务机关为其在A市设立的临时销售点办理外出经营活动税收管理证明，销售点凭外出经营活动税收管理证明和其总机构化肥厂的税务登记证副本到A市税务机关办理报验税务登记，接受税务管理。该销售点未办理报验税务登记，违反了《实施细则》第二十一条的规定。并且按照《中华人民共和国税收征管法》第二十五条第1款及《中华人民共和国增值税暂行条例》第二十三条的规定，销售点应每月向税务机关办理纳税申报，而销售点没有办理纳税申报，因此违反了有关税收法律、法规的规定。所以税务局对其所做的处罚行为是有法律依据的。

法律依据

《中华人民共和国税收征收管理法实施细则》第二十一条规定："从事生产、经营的纳税人到外县（市）临时从事生产、经营活动的，应当持税务登记证副本和所在地税务机关填开的外出经营活动税收管理证明，向营业地税务机关报验登记，接受税务管理。从事生产、经营的纳税人外出经营，在同一地累计超过180天的，应当在营业地办理税务登记手续。"

《中华人民共和国税收征管法》第二十五条第一款规定："纳税人必须依照法律、行政法规规定或者税务机关确定的申报期限、申报内容如实办理纳税申报，报送纳税申报表、财务会计报表以及税务机关根据实际需要要求纳税人报送的其他纳税资料。"

《中华人民共和国增值税暂行条例》第二十三条规定："非固定业户销售货物或者应税劳务，应当向销售地或者劳务发生地的主管税务机关申报纳税；未向销售地或者劳务发生地的主管税务机关申报纳税的，由其机构所在地或者居住地的主管税务机关补征税款。"

3. 纳税人场所、经营地点变动后该如何进行税收变更登记?

案情简介

东方红农机有限责任公司是一家在A市登记注册的农机生产销售企业,但由于A市近几年来转变了经济发展模式,烟草、果树等经济作物的种植成为了当地农民土地生产的第一选择,因此,近几年来,东方红农机有限公司相关产品的销量迅速下降,为了缓解这种情况,公司决定将企业总部及厂房等全部搬迁到B省的C种粮大市,以便能更好地贴近市场,在进行税务登记变更时厂领导咨询了该厂的法律顾问。

专家提示

本案涉及纳税人场所、经营地点变动后该如何进行税收变更登记,以及进行新的纳税登记的问题。

企业在经营住所变动后,一般都要进行税务登记的变更,这样不仅是相关税收方面法律的明文规定,同时也有利于企业在住所、生产经营地点改变后迅速投入生产运营和产品销售。从2004年2月1日起施行的《税务登记管理办法》规定纳税人因住所、经营地点变动,涉及改变税务登记机关的,应当在向工商行政管理机关或者其他机关申请办理变更、注销登记,或者住所、经营地点变动前,持有关证件和资料,向原税务登记机关申报办理注销税务登记,并自注销税务登记之日起30日内向迁达地税务机关申报办理税务登记。

具体的变动登记需要持有的证件和资料包括:①上级主管部

门批文或董事会（职代会）的决议（决议中必须注明企业迁往何区县）；②税务登记证正、副本原件；③发票领购卡；④未使用的发票；⑤使用税控装置的，填写《税控安全设备信息变更申请表》一式四份；⑥《提交材料清单》一式两份。

法律依据

《中华人民共和国税收征收管理法实施细则》第十五条第二款规定："纳税人因住所、经营地点变动，涉及改变税务登记机关的，应当在向工商行政管理机关或者其他机关申请办理变更或者注销登记前或者住所、经营地点变动前，向原税务登记机关申报办理注销税务登记，并在30日内向迁达地税务机关申报办理税务登记。"

《税务登记管理办法》第二十九条规定："纳税人因住所、经营地点变动，涉及改变税务登记机关的，应当在向工商行政管理机关或者其他机关申请办理变更、注销登记前，或者住所、经营地点变动前，持有关证件和资料，向原税务登记机关申报办理注销税务登记，并自注销税务登记之日起30日内向迁达地税务机关申报办理税务登记。"

4. 纳税过程中和自己有血缘关系的税务人员需要回避吗?

案情简介

个体工商户张伍德在镇上开办了一个小型的超市,出售各种农副产品及烟酒,由于服务热情,为人正直,超市刚开张没多久就生意兴隆,销售业绩节节攀升。在纳税方面,张伍德也是纳税意识强烈,并且积极拥护国家税收的各项政策。这可能也是受他儿子张凯的影响,张凯是镇税务所的税务征收人员,正好具体负责像张伍德这样的个体工商户税收征管工作。但张伍德在第一次纳税时,他的儿子张凯却申请了回避,这让老张很不理解,认为自己是守法的公民,即使是自己的儿子,他也依然会照章纳税,因此儿子不用回避。

专家提示

本案涉及纳税人在纳税过程中出现税收征管人为自己的直系亲属,该税收征管人员需不需要回避的问题。

回避,是行政程序法中的一项重要制度,是指与要处理的法律事务具有利害关系的执法人员不得参与办理该项法律事务的一项程序制度。我们都知道,在公安局、检察院、法院的案件处理过程中都涉及相关人员回避的问题,凡是存在和相关人员有血缘关系、与案件有利害关系或其他关系影响案件的正常侦查、起诉或审理的情况下,具体的办案人员都要进行回避。当然,这一回避制度也不仅仅是在诉讼过程中的专有制度,法律为了创造一个更为公正的税收征管氛围,防止相关人员恶意串通损害国家利益，也为了给其他纳税人创造一个公平、公正的纳税环境，在税收征管中间也制定了税收征收的回避制度。税务机关实行回避制度，不仅有利于保证税收征管程序的客观和公正，也同样有利于纳税人自觉纳税和履行税务机关作出的相关决定，增强纳税人对税务人员执法的信任感。

法律依据

《中华人民共和国税收征收管理法》第十二条规定："税务人员征收税款和查处税收违法案件，与纳税人、扣缴义务人或者税收违法案件有利害关系的，应当回避。"

《中华人民共和国税收征收管理法实施细则》第八条规定："税务人员在核定应纳税额、调整税收定额、进行税务检查、实施税务行政处罚、办理税务行政复议时，与纳税人、扣缴义务人或者其法定代表人、直接责任人有下列关系之一的，应当回避：

(一)夫妻关系；

(二)直系血亲关系；

(三)三代以内旁系血亲关系；

(四)近姻亲关系。

可能影响公正执法的其他利害关系。"

5. 消费税是如何进行缴纳的?

案情简介

2008 年,某镇领导为了振兴本镇经济,提高本镇广大人民群众的生活水平和收入水平,提高就业率,决定充分利用本镇种植烟草的农业生产传统,于 2008 年 8 月筹集资金设立了一家名叫好日子烟草有限公司的烟草生产企业,专门生产甲种卷烟和乙种卷烟,并在开业之初从本镇农民手中先行购置了一批烟叶进行预生产,当月销售额已是不错,月末时,当地的国税局向该公司发出通知,向其征收 10045.8 元的消费税。

专家提示

本案涉及我国相关企业消费税的征收问题。

在中华人民共和国境内生产、委托加工和进口本条例规定的消费品的单位和个人,以及国务院确定的销售本条例规定的消费品的其他单位和个人,为消费税的纳税人,消费税的纳税范围由国务院具体规定。本案中,烟草企业销售烟草制品以及收购烟叶在法律规定的消费税的征收范围之内,应当缴纳消费税,关于本案中该公司缴纳消费税的具体途径问题,法律规定纳税人销售的应税消费品及自产自用的应税消费品,除国务院财政、税务主管部门另有规定外,应当向纳税人机构所在地或者居住地的主管税务机关申报纳税,其中这里的纳税机关指的是国税局及其下属机构。纳税人销售的应税消费品,如因质量等原因由购买者退回时,经机构所在地或者居住地主管税务机关审核批准后,可退还已缴纳的消费税税款。但纳税人到外县(市)销售或者委托外县(市)代销自产应税消费品的,于应税消费品销售后,向机构所在地或者居住地主管税务机关申报纳税。委托个人加工的应税消费品,由委托方向其机构所在地或者居住地主管税务机关申报纳税。进口的应税消费品，由进口人或者其代理人向报关地海关申报纳税。个人携带或邮寄进境的应税消费品，连同关税一并计征，具体办法由国务院关税税则委员会会同有关部门制定。

法律依据

《中华人民共和国消费税暂行条例实施细则》第二十二条规定："出口的应税消费品办理退税后，发生退关，或者国外退货进口时予以免税的，报关出口者必须及时向其机构所在地或者居住地主管税务机关申报补缴已退的消费税税款。"

纳税人直接出口的应税消费品办理免税后，发生退关或者国外退货，进口时已予以免税的，经机构所在地或者居住地主管税务机关批准，可暂不办理补税，待其转为国内销售时，再申报补缴消费税。

《中华人民共和国消费税暂行条例实施细则》第二十三条规定："纳税人销售应税消费品，如因质量等原因由购买者退回时，经机构所在地或者居住地主管税务机关审核批准后，可退还已缴纳的消费税税款。"

《中华人民共和国消费税暂行条例实施细则》第二十四条规定："纳税人到外县(市)销售或者委托外县(市)代销自产应税消费品的，于应税消费品销售后，向机构所在地或者居住地主管税务机关申报纳税。"

纳税人的总机构与分支机构不在同一县(市)的，应当分别向各自机构所在地的主管税务机关申报纳税；经财政部、国家税务总局或者其授权的财政、税务机关批准，可以由总机构汇总向总机构所在地的主管税务机关申报纳税。

委托个人加工的应税消费品，由委托方向其机构所在地或者居住地主管税务机关申报纳税。

进口的应税消费品，由进口人或者其代理人向报关地海关申报纳税。

6. 我国国家税务系统和地方税务系统的分工是怎样的?

案情简介

河南中兴肉类食品发展有限公司是一家涉及肉类销售、连锁超市等多个经营范围的综合性发展公司,连锁超市经营过程中主要是销售本公司生产的新鲜散装肉、其他肉类产品和一些名优白酒,在进行纳税登记时,税务机关工作人员告诉该公司相关纳税人员:由于贵公司经营种类多样,涉及国家税务局的征收税目,但也同时存在地方税务局的征收税目范围之内的屠宰的活动,所以要向两个税收征管系统分别进行纳税登记。

专家提示

所谓国税、地税,是指国家税务局和地方税务局,上缴中央财政的,就是国税;上缴地方财政的,就是地税。国税和地税是依据国务院关于分税制财政管理体制的决定而产生的一种税务机构设置中两个不同的系统。它们的不同主要体现在两者负责征收的税种的区别。前者征收的主要是维护国家权益、实施宏观调控所必需的税种(消费税、关税)和关乎国计民生的主要税种的部分税收(增值税);后者则主要负责适合地方征管的税种,以增加地方财政收入(营业税、耕地占用税、车船使用税)。由于其所管辖的税种的不同,因此,存在这种情况,例如一家工业企业可能要到国税局去缴增值税、消费税,同时,又要到地税局去缴相应的城建税及其他附加税种。

具体而言,国税局系统征收范围是:增值税,消费税,车辆购置税,铁道部门、各银行总行、各保险总公司集中缴纳的营业税、所得税、城市建设维护税,中央企业缴纳的所得税,中央与地方所属企业、事业单位组成的联营企业、股份制企业缴纳的所得税,地方银行、非银行金融企业缴纳的所得税,海洋石油企业缴纳的所得税、资源税,外商投资企业和外国企业所得税,证券交易税(开征之前为对证券交易征收的印花税),个人所得税中对储蓄存款利息所得征收的部分,中央税的滞纳金、补税、罚款。

地税局系统的征税范围主要是:营业税、城市维护建设税(不包括上述由国税局系统负责征收管理的部分),地方国有企业、集体企业、私营企业缴纳的所得税、个人所得税(不包括对银行储蓄存款利息所得征收的部分),资源税,城镇土地使用税,耕地占用税,土地增值税,房产税,城市房地产税,车船使用税,车船使用牌照税,印花税,契税,屠宰税,筵席税,农业税、牧业税及其地方附加,地方税的滞纳金、补税、罚款。

为了加强税收征收管理,避免工作交叉,降低征收成本,简化征收手续,方便纳税人,国务院规定国家税务局和地方税务局可以相互委托对方代收某些税收。而且假如遇到一些特殊情况,国家税务总局还可以对某些税种的征收机关,做出特别的调整。因此,根据不同情况,纳税人涉及具体税种,还应当以当地主管国家税务机关和地方税务机关的实际分工及其具体要求为准。

具体到本案中,中兴肉类食品公司对于名牌白酒销售应缴纳消费税,销售过程中产生的增值税应到国税局进行申报缴纳,肉类屠宰和营业税则要向地税局进行税费的纳税申报。

法律依据

《关于组建在各地的直属税务机构和地方税务局的实施意见》中第二部分规定:国家税务局系统主要负责下列各税的征收和管理:

1. 增值税;

2. 消费税;

3. 进口产品消费税、增值税,直接对台贸易调节税(委托海关代征);

4. 铁道、各银行总行、保险总公司集中缴纳的营业税、所得税和城市建设维护税;

5. 中央企业所得税；

6. 地方和外资银行及非银行金融企业所得税；

7. 海洋石油企业所得税、资源税；

8. 证券交易税（未开征前先征收在上海、深圳市证券交易所交易证券的印花税）；

9. 对境内外商投资企业和外国企业的各项税收以及外籍人员（华侨、港澳台同胞）缴纳的个人所得税（按税种分别入中央库和地方库）；

10. 出口产品退税的管理；

11. 集贸市场和个体户的各项税收（按税种分别入中央库和地方库）；

12. 中央税的滞补罚收入；

13. 按中央税、共享税附征的教育费附加（属于铁道、银行总行、保险总公司缴纳的入中央库，其他入地方库）；

14. 国家能源交通重点建设基金、国家预算调节基金。

地方税务局主要负责下列各税的征收和管理（不包括已明确由国家税务局负责征收的地方税部分）：

1. 营业税；

2. 个人所得税；

3. 土地增值税；

4. 城市建设维护税；

5. 车船使用税；

6. 房产税；

7. 屠宰税；

8. 资源税；

9. 城镇土地使用税；

10. 固定资产投资方向调节税；

11. 地方企业所得税（包括地方国有、集体、私营企业）；

12. 印花税；

13. 筵席税；

14. 地方税的滞补罚收入；

15. 按地方营业税附征的教育费附加。

7. 农村开办矿山该如何进行纳税？

案情简介

陕西省A县过去是国家级贫困县，但是后来随着经济的发展和国家勘探技术的进步，相关机构在A县勘探出大量的煤炭和铝土矿石资源，从20世纪80年代开始，两个省级的大型煤炭企业和众多的小型矿山相继在这里开采矿产资源，这些小型矿山的老板大部分是当地受教育程度不高但头脑灵活的农民，因此在税务机关对他们进行征收资源税的过程中受到了很强烈的抵制，他们认为这是自己土地上挖出来的东西，不用缴纳什么资源税，更不知道如何进行纳税申报登记。

专家提示

本案涉及开办矿山征收资源税的问题。

资源税是以自然资源为课税对象征收的一种税，以目前我国开采应税矿产品及生产盐的单位和个人为征税的主要主体。本案中当地人虽然是在自家的土地上进行开采，但法律规定矿产资源属于国家所有，任何人不得随意开采，在申办有开采许可证的情况下，也要积极地进行纳税登记，缴纳资源税及其他应缴税种。当地矿主进行抗税是违法的行为。

在具体的纳税环节中，纳税人应纳的资源税，应当向应税产品的开采或者生产所在地主管税务机关缴纳。纳税人在本省、自治区、直辖市范围内开采或者生产应税产品，其纳税地点需要调整的，由省、自治区、直辖市税务机关决定。纳税人跨省开采资源税应税产品，其下属生产单位与核算单位不在同一省、自治区、直辖市的，对其开采的矿产品，一律在开采地纳税，其应纳税款由独立核算、自负盈亏的单位，按照开采地的实际销售量或者自用量及适用的单位税额进行划拨。扣缴义务人代扣代缴的资源税，应当向收购地的主管税务机关进行缴纳。

纳税人以一个月为期进行纳税的，自期满之日起 10 日内申报纳税，可采用表票合一的方式，其中申报表分两种：一是资源税税收申报表(正常申报人填写)；二是资源税纳税申报表附表(适用于零申报和减免税申报人)。

法律依据

《中华人民共和国资源税暂行条例》第十二条规定："纳税人应纳的资源税，应当向应税产品的开采或者生产所在地主管税务机关缴纳。纳税人在本省、自治区、直辖市范围内开采或者生产应税产品，其纳税地点需要调整的，由省、自治区、直辖市税务机关决定。"

《中华人民共和国资源税暂行条例》第十三条规定："纳税人的纳税期限为一日、三日、五日、十日、十五日或者一个月，由主管税务机关根据实际情况具体核定。不能按固定期限计算纳税的，可以按次计算纳税。

纳税人以一个月为一期纳税的，自期满之日起十日内申报纳税；以一日、三日、五日、十日或者十五日为一期纳税的，自期满之日起五日内预缴税款，于次月一日起十日内申报纳税并结清上月税款。

扣缴义务人的解缴税款期限，比照前两款的规定执行。"

8. 城镇土地使用税是如何进行缴纳的？

案情简介

2009年，A市某饲料生产企业土地使用证书标明该厂实际占地为6万平方米，厂区内幼儿园占地700平方米，厂区内食堂占地100平方米，医院占地600平方米，将100平方米无偿提供给驻扎在该地区的公安局派出所作为警亭使用，厂区内有职工家属楼一栋，占地2000平方米，企业内部的绿化面积是1000平方米，另外，为了丰富厂职工的业余生活，企业特地挪出600平方米建设了一个广场，供职工锻炼身体和休闲娱乐。企业成立之后，当地的国税局提出向该厂征收城镇土地使用税117200元，但企业想了解一下城镇土地使用税的征收主体和征收流程，以便更好地维护自身权利并节约纳税成本。

专家提示

城镇土地使用税，是指对我国城市、县城、建制镇和工矿区内使用土地的单位和个人，按其实际占用土地面积和规定的土地等级征收的一种税。针对本案中饲料厂的具体情况，饲料厂坐落于A市，属于《中华人民共和国城镇土地使用税暂行条例》中规定的应征税范围。在具体的征收过程中，由于厂内医院、幼儿园及无偿提供给免税单位（公安局派出所）使用的土地免征城镇土地使用税。所以该厂应缴纳城镇土地使用税税额117200元是无异议的，但是由于国务院明文规定城镇土地使用税属于地方税务局的征税范围，因此当地国家税务局进行纳税征收是不正确的。

城镇土地使用税按年征收，分次缴纳，每年4月、10月的前15日内向税务机关办理纳税申报手续，填写《城镇土地使用税纳税申请表》，也可一次缴纳全年，缴纳期限为每年4月1～15日，将其占有土地权属、用途、位置、面积和税务机关规定的其他有关证明材料，新征用的土地，必须于批准新征用土地之日起30日内申报登记，纳税人若发生住址变更或土地使用权属转换等情况，从转移之日起，按规定期限办理申报变更手续。

城镇土地使用税的纳税地点为土地所在地，由土地所在地的税务机关负责征收。但以下两种情况需要注意：一是对于纳税人使用的土地不属于同一省、自治区、直辖市管辖的，由纳税人分别向土地所在地的税务机关缴纳城镇土地使用税；二是对于在同一省、自治区、直辖市管辖范围内，纳税人跨地区使用的土地，由省、自治区、直辖市地方税务局确定纳税地点。

法律依据

《中华人民共和国城镇土地使用税暂行条例（2006年修订）》第九条规定："新征用的土地，依照下列规定缴纳土地使用税：

（一）征用的耕地，自批准征用之日起满1年时开始缴纳土地使用税；

（二）征用的非耕地，自批准征用次月起缴纳土地使用税。"

《中华人民共和国城镇土地使用税暂行条例（2006年修订）》第十条规定："土地使用税由土地所在地的税务机关征收。土地管理机关应当向土地所在地的税务机关提供土地使用权属资料。"

9. 耕地占用税是如何进行缴纳的?

案情简介

王大民家世代务农,自己也是一个本分的种田人,但随着近些年来耕地的不断减少,自家的农田也被征用得所剩无几,村里人大部分都选择了外出打工,王大民也萌生了做生意的念头,于是他贷款15万元,和村委会签订了5年期限的租用合同,占用村耕地5亩建起了一座小型的养鸡场,但养鸡场还没有正式投入运营,就有人告诉王大民,说根据国家相关法律的规定,占用耕地要缴纳耕地占用费,作为一向遵纪守法的王大民来说,他愿意缴纳国家规定的这项税费,但具体的缴纳过程他却不是很清楚。

专家提示

本案涉及耕地占用税的缴纳地点、时间等一系列问题。

耕地占用税是指对我国境内占用耕地建房或从事其他非农业生产建设的单位和个人,就其实际占用的耕地面积征收的一种税。这里所说的耕地,是指用于种植农作物的土地。

我国制定的《中华人民共和国耕地占用税暂行条例》,于2008年1月1日起施行。1987年4月1日,国务院发布的《中华人民共和国耕地占用税暂行条例》同时废止。国家规定耕地占用税是由地方税务机关负责征收,纳入地方财政税收范围的一个税种。在具体的占用耕地过程中,土地管理部门在通知单位或者个人办理占用耕地手续时,应当同时通知耕地所在地同级地方税务机关。获准占用耕地的单位或者个人应当在收到土地管理部门的通知之日起30日内缴纳耕地占用税。土地管理部门凭耕地占用税完税凭证或者免税凭证和其他有关文件发放建设用地批准书。当然，如果是临时占用耕地的情况，也应当依照上述条例的规定缴纳耕地占用税。纳税人在批准临时占用耕地的期限内恢复所占用耕地原状的，可以申请地方税务部门全额退还已经缴纳的耕地占用税。

针对本案的情况，王大民在和土地部门办理占用耕地手续的同时，也应当在收到土地管理部门的通知之日起 30 日内向当地的地方税务局及其附属税务所缴纳耕地占用税。

法律依据

《中华人民共和国耕地占用税暂行条例》第十二条规定："耕地占用税由地方税务机关负责征收。

土地管理部门在通知单位或者个人办理占用耕地手续时，应当同时通知耕地所在地同级地方税务机关。获准占用耕地的单位或者个人应当在收到土地管理部门的通知之日起 30 日内缴纳耕地占用税。土地管理部门凭耕地占用税完税凭证或者免税凭证和其他有关文件发放建设用地批准书。"

《中华人民共和国耕地占用税暂行条例》第十三条规定："纳税人临时占用耕地，应当依照本条例的规定缴纳耕地占用税。纳税人在批准临时占用耕地的期限内恢复所占用耕地原状的，全额退还已经缴纳的耕地占用税。"

《中华人民共和国耕地占用税暂行条例实施细则》第三十一条规定："经批准占用耕地的，耕地占用税纳税义务发生时间为纳税人收到土地管理部门办理占用农用地手续通知的当天。

未经批准占用耕地的，耕地占用税纳税义务发生时间为纳税人实际占用耕地的当天。”

《中华人民共和国耕地占用税暂行条例实施细则》第三十二条规定：“纳税人占用耕地或其他农用地，应当在耕地或其他农用地所在地申报纳税。”

附表：

各省、自治区、直辖市耕地占用税平均税额表

地区	每平方米平均税额（元）
上海	45
北京	40
天津	35
江苏、浙江、福建、广东	30
辽宁、湖北、湖南	25
河北、安徽、江西、山东、河南、重庆、四川	22.5
广西、海南、贵州、云南、陕西	20
山西、吉林、黑龙江	17.5
内蒙古、西藏、甘肃、青海、宁夏、新疆	12.5

10. 土地增值税纳税过程法律是怎么规定的?

案情简介

某市幸福万家搬家公司作为一家非房地产开发单位,投资开发了一幢高级写字楼,取得收入5000万元,该单位为建造此楼支付的地价款是600万元,投入房地产开发成本为1500万元,房地产开发费用为400万元,其中,利息支出费用为240万元,其他开发费用为160多万元,以上费用均有金融机构证明,但是在缴纳相关土地增值税过程中,该公司不清楚土地增值税缴纳流程及缴纳办法,遂向相关人员进行咨询。

专家提示

本案涉及土地增值税的征收程序和缴纳地点问题。

转让国有土地使用权、地上的建筑物及其附着物(以下简称"转让房地产")并取得收入的单位和个人,为土地增值税的纳税义务人,但在本案中取得土地使用权支付的地价款600万元、建造房地产的开发成本1500万元和建造房地产的开发费用等属于土地增值税征收过程中应予以扣除计算的金额项目。

在本案中,当事人问及了土地增值税征收程序上的问题,《中华人民共和国土地增值税暂行条例》规定土地增值税实行按次征收,土地增值税在房地产发生转让的环节,实行按次征收,每发生一次转让行为,就应根据每次取得的增值额征一次税。其次是土地增值税的纳税地点问题。土地增值税的纳税人应向房地产所在地主管税务机关办理纳税申报,房地产所在地是指房地产坐落地。纳税人转让的房地产坐落在两个或两个以上地区的,应按房地产所在地分别申报缴纳土地增值税。

在实际的征收过程中，要确定纳税地点还需要注意以下两个方面的问题：

纳税人是自然人的，转让的房地产所在地和自身居住地一致的，应当在住所地所在地的地税部门缴纳；如果不一致，则应在办理过户手续所在地的地方税务机关申报纳税。

纳税人如果是法人的，转让房地产所在地和自身机构所在地或经营场所所在地一致的，应在办理税务登记的原管辖税务机关申报纳税；如果不一致，则应在房地产坐落地所管辖的税务机关申报纳税。

法律依据

《中华人民共和国土地增值税暂行条例》第十条规定："纳税人应自转让房地产合同签订之日起七日内向房地产所在地主管税务机关办理纳税申报，并在税务机关核定的期限内缴纳土地增值税。"

《中华人民共和国土地增值税暂行条例实施细则》第十五条规定："根据条例第十条的规定，纳税人应按照下列程序办理纳税手续：

(一)纳税人应在转让房地产合同签订后的七日内，到房地产所在地主管税务机关办理纳税申报，并向税务机关提交房屋及建筑物产权、土地使用权证书，土地转让、房产买卖合同，房地产评估报告及其他与转让房地产有关的资料。

纳税人因经常发生房地产转让而难以在每次转让后申报的，经税务机关审核同意后，可以定期进行纳税申报，具体期限由税务机关根据情况确定。

（二）纳税人按照税务机关核定的税额及规定的期限缴纳土地增值税。”

《中华人民共和国土地增值税暂行条例实施细则》第十七条规定："条例第十条所称的房地产所在地，是指房地产的坐落地。纳税人转让房地产坐落在两个或两个以上地区的，应按房地产所在地分别申报纳税。”

《中华人民共和国土地增值税暂行条例实施细则》第十八条规定："条例第十一条所称的土地管理部门、房产管理部门应当向税务机关提供有关资料，是指向房地产所在地主管税务机关提供有关房屋及建筑物产权、土地使用权、土地出让金数额、土地基准地价、房地产市场交易价格及权属变更等方面的资料。”

11. 房产税的纳税途径法律是如何规定的?

案情简介

王某是北京市朝阳区一家大型私有企业的销售部经理,王某经过多年的奋斗,2010 年 3 月在朝阳区购买了一套三室一厅的房屋,公司于 2000～2007 年将王某外派到河北省石家庄市,担任该公司位于石家庄市分公司的总负责人,在此期间,王某又在石家庄市购买房屋一套,现出租给别人居住。2009 年 5 月,王某又继承了他父母乡下的房屋五间。这时王某想了解一下自己的哪些房产需要缴纳房产税,哪些不在国家规定的缴纳房产税的范围之内。

专家提示

房产税的征收对象是房屋,法律对房屋类型没有特别的规定,但是在房产税的征收范围方面,和城镇土地使用税的征税范围是一样的,只包括城市、县城、建制镇和工矿区。所以针对本案中王某的情况,王某位于北京市朝阳区和石家庄市的房产要缴纳房地产税,但是在乡下继承的父母的房屋不在房产税征收范围之内,所以不用征收房产税。

在具体的征收过程中,纳税人如果将原有房产用于生产经营,从生产经营之月起,缴纳房产税;纳税人自行新建房屋用于生产经营,从建成之次月起,缴纳房产税;纳税人委托施工企业建设的房屋,从办理验收手续之次月起,缴纳房产税;对纳税人在办埋手续前,即已经使用或出租、出借的新建房屋,应从使用或出租、出借的当月起缴纳房产税。房产税实行的是按年计算，分期缴纳的征收方法，具体期限由省、自治区、直辖市人民政府确定。

在纳税地点方面，房产税由房产所在地的税务机关征收管理，这里的税务机关一般是地方税务系统的相关机构。因为房产税属于地税的征收范围。房产不在同一个地方的纳税人，要按照房产的坐落地点确定缴纳机关，而不是根据纳税人的住所，因为房屋作为不动产，由房屋所在地税务部门进行纳税征缴更能起到对房产税征收过程中的管理，防止一部分人在房产税缴纳方面逃避征税。

法律依据

《中华人民共和国房产税暂行条例》第一条规定："房产税在城市、县城、建制镇和工矿区征收。"

《中华人民共和国房产税暂行条例》第五条规定："下列房产免纳房产税：

一、国家机关、人民团体、军队自用的房产；

二、由国家财政部门拨付事业经费的单位自用的房产；

三、宗教寺庙、公园、名胜古迹自用的房产；

四、个人所有非营业用的房产；

五、经财政部批准免税的其他房产。"

《中华人民共和国房产税暂行条例》第九条规定："房产税由房产所在地的税务机关征收。"

12. 车船使用税是如何缴纳的？哪些车辆需要缴纳车船使用税？

案例简介

张某要成立一家汽车运输公司，需要购置货车挂车 10 辆，净吨位 5 吨，另有卡车 8 辆，净吨位 3.7 吨，仅供内部使用的平板货车 1 辆，还要添置接送职工的大巴车 1 辆(50 人座)。这些车辆中哪些需要缴纳车船使用税，缴纳程序是怎样的？

专家提示

本案涉及车船使用税如何缴纳的问题，什么样的车辆需要缴纳车船使用税。

《中华人民共和国车船税法》已于 2011 年 2 月 25 日第十一届全国人民代表大会常务委员会第十九次会议通过，根据该法律的规定，车船使用税的纳税人是在我国境内并使用车船的单位和个人。它是对行驶于公共道路的车辆和航行于国内河流、湖泊或领海口岸的船舶，按照其种类(如机动车辆、非机动车辆、载人汽车、载货汽车等)、吨位和规定的税额计算征收的一种使用行为税。本案中张某的汽车运输公司要添置的货车、卡车以及接送职工的大巴车要缴纳车辆使用税，但是供内部使用的平板货车属于免税的车辆范围。

在车辆使用税具体缴纳时间方面，从使用车船之日起，就发生了车船使用税的纳税义务；纳税人新购置车船的，从购置使用的当月起，就要缴纳车船使用税；已经向交通航运管理机关上报全年停运或者报废的车船，当年不发生车辆使用税的纳税义务，但是停运后又重新使用的，自当月起缴纳车船使用税。车船使用税的纳税期限也是按年征收，分期缴纳。具体的实施办法由各省、自治区、直辖市政府确定。

车船使用税的纳税地点为纳税人的所在地。对单位，是指经营所在地或机构所在地；对个人，是指住所所在地。需要注意的是，企业的车船上了外省的车船牌照，仍应在企业经营所在地纳税，而不在领牌照所在地纳税。因此，我们说车船使用税是实行的源泉控制方式，一律由纳税人所在地地方税务机关负责征收，对外来省、市的相关车辆不再补征税款。

法律依据

《中华人民共和国车船税法》第六条规定："从事机动车第三者责任强制保险业务的保险机构为机动车车船税的扣缴义务人，应当在收取保险费时依法代收车船税，并出具代收税款凭证。"

《中华人民共和国车船税法》第七条规定："车船税的纳税地点为车船的登记地或者车船税扣缴义务人所在地。依法不需要办理登记的车船，车船税的纳税地点为车船的所有人或者管理人所在地。"

《中华人民共和国车船税法》第八条规定："车船税纳税义务发生时间为取得车船所有权或者管理权的当月。"

《中华人民共和国车船税法》第九条规定："车船税按年申报缴纳。具体申报纳税期限由省、自治区、直辖市人民政府规定。"

《中华人民共和国车船税法》第十条规定："公安、交通运输、农业、渔业等车船登记管理部门、船舶检验机构和车船税扣缴义务人的行业主管部门应当在提供车船有关信息等方面，协助税务机关加强车船税的征收管理。

车辆所有人或者管理人在申请办理车辆相关登记、定期检验手续时，应当向公安机关交通管理部门提交依法纳税或者免税证明。公安机关交通管理部门核查后办理相关手续。"

13. 车辆购置税申请时需要提交的材料有哪些?

案情简介

随着我国经济的发展和人民物质生活水平的提高,越来越多的家庭添置了汽车,但是据某省国税局做的一项调查显示,在购买车辆的车主中间,平均有27.4%的车主不知道还要缴纳车辆购置税,福建的张先生为了工作方便,购置了一台小汽车,但在缴纳车辆购置税时对需要提交的材料不是十分清楚。国务院出台文件规定缴纳车辆购置税要提供一系列的材料,但究竟要提供哪些材料呢?

专家提示

本案例是关于车辆购置税纳税时需要提交的材料的相关问题。

国家税务总局令2005年第15号出台了关于《车辆购置税征收管理办法》的法律规定,该办法规定了缴纳车辆购置税需要提交的一系列材料;该办法规定车辆购置税实行一车一申报制度,要填写《车辆购置税纳税申报表》,同时提供以下资料的原件和复印件。复印件和《机动车销售统一发票》(以下简称“统一发票”)报税联由主管税务机关留存,其他原件经主管税务机关审核后退还纳税人。提供的原件和复印件第一个就是车主身份证明:如果是内地居民,需要提供内地《居民身份证》(含居住、暂住证明)或《居民户口簿》或军人(含武警)身份证明;如果是香港、澳门特别行政区、台湾地区籍的居民,则需要提供入境的身份证明和居留证明;对于外国人,提供入境的身份证明和居留证明;而对于组织机构来说,只需要提供《组织机构代码证书》。第二个是车辆价格证明。第三个是车辆合格证明。特别要注意的是对于进口车辆,要提供《中华人民共和国海关货物进口证明书》或《中华人民共和国海关监管车辆进(出)境领(销)牌照通知书》或《没收走私汽车、摩托车证明书》。最后是提供税务机关要求提供的其他资料。

法律依据

《车辆购置税征收管理办法》第三条规定:"纳税人办理纳税申报时应如实填写《车辆购置税纳税申报表》,同时提供以下资料的原件和复印件。复印件和《机动车销售统一发票》(以下简称统一发票)报税联由主管税务机关留存,其他原件经主管税务机关审核后退还纳税人。

(一)车主身份证明

1. 内地居民,提供内地《居民身份证》(含居住、暂住证明)或《居民户口簿》或军人(含武警)身份证明;

2. 香港、澳门特别行政区、台湾地区居民,提供入境的身份证明和居留证明;

3. 外国人,提供入境的身份证明和居留证明;

4. 组织机构,提供《组织机构代码证书》。

(二)车辆价格证明

1. 境内购置车辆,提供统一发票(发票联和报税联)或有效凭证;

2. 进口自用车辆,提供《海关关税专用缴款书》、《海关代征消费税专用缴款书》或海关《征免税证明》。

（三）车辆合格证明

1. 国产车辆，提供整车出厂合格证明（以下简称合格证）；

2. 进口车辆，提供《中华人民共和国海关货物进口证明书》或《中华人民共和国海关监管车辆进（出）境领（销）牌照通知书》或《没收走私汽车、摩托车证明书》。

（四）税务机关要求提供的其他资料

《车辆购置税征收管理办法》第四十三条规定："本办法第四十一条'转籍'，是指同一车辆的登记注册地发生变动的情形。车辆转籍分转出和转入。

（一）车主办理车辆转出手续时，应如实填写变动表，提供公安机关车辆管理机构出具的车辆转出证明材料。转出地主管税务机关审核后，据此办理档案转出手续，向转入地主管税务机关开具《车辆购置税档案转移通知书》。

（二）车主办理车辆转入手续时，应如实填写变动表，提供转出地主管税务机关核发的完税证明正本、档案转移通知书和档案。转入地主管税务机关审核后，将转出地主管税务机关核发的完税证明正本、档案转移通知书和档案留存。对转籍车辆核发新的完税证明正本（副本留存）。"

14. 缴纳车辆购置税是办理车辆登记的必经程序吗？

案情简介

张某于2007年11月23日购置了一辆价值35.8万元的凯迪拉克轿车，但是张某当时没有去缴纳车辆购置税，而是直接向公安机关申请车辆登记注册，但当地的公安机关告知张某，没有车辆购置税的完税证明或者免税证明，车主不得向公安机关车辆管理机构申请办理车辆登记手续。为此，张某很不理解，公安机关的答复符合法律规定吗？

专家提示

车辆购置税是对在我国境内购置应税车辆的单位和个人征收的一种税，法律规定自然人或者单位在购买自用应税车辆之日起60日内应主动申报纳税；进口自用应税车辆的，应当自进口之日起60日内申报纳税；自产、受赠、获奖或者以其他方式取得并自用应税车辆的，应当自取得之日起60日内申报纳税。

纳税人购置应税车辆后，应当先向车辆登记注册地的主管国税机关申报纳税，然后才可以向公安机关车辆管理机构办理车辆登记注册；购置不需要办理车辆登记注册手续的应税车辆，也应当向纳税人所在地的主管国税机关申报纳税。纳税人应当持有主管税务机关出具的完税证明或者免税证明，向公安机关车辆管理机构办理车辆登记注册手续；没有完税证明或者免税证明的，公安机关车辆管理机构不得向车主办理车辆登记注册手续。税务机关应当及时向公安机关车辆管理机构通报纳税人缴纳车辆购置税的相关情况，公安机关车辆管理机构也应当定期向税务机关通报车辆登记注册的情况。税务机关发现纳税人未按照规定缴纳车辆购置税的，有权责令其补缴；纳税人拒绝补缴的，税务机关可以通知公安机关车辆管理机构暂扣纳税人的车辆牌照，以督促其及时足额纳税。

针对本案而言，公安机关车辆管理机构的答复是正确的，车主张某只有先行缴纳车辆购置税，然后才能到公安机关车辆管理机构去申请车辆登记注册手续。

法律依据

《车辆购置税征收管理办法》第二条规定："根据征管法实施细则第三十条、车购税条例第十二条的规定，纳税人应到下列地点办理车购税纳税申报。

(一)需要办理车辆登记注册手续的纳税人，向车辆登记注册地的主管税务机关办理纳税申报。

(二)不需要办理车辆登记注册手续的纳税人，向所在地征收车购税的主管税务机关办理纳税申报。车购税实行一车一申报制度。"

《车辆购置税征收管理办法》第十八条规定："完税证明分正本和副本，按车核发、每车一证。正本由纳税人保管以备查验，副本用于办理车辆登记注册。"

15. 以自行申报方式纳税时纳税申报地点是如何确定的?

案情简介

案例一:王某为国内一大型跨国企业的人力资源部主管,年收入在 20 万元以上,其中主要是个人的工资和业绩奖金所得。但去年王某受某出版社之邀,出版发行了《人力资源其实很简单》个人著作一部,获得稿酬 8 万元。

案例二:个体工商户张某开办了一家酒楼,由于服务态度好,饭菜可口、价格公道,因此生意是异常火暴,平均每年的生产、经营所得有 100 万元左右。在经营饭店的同时,张某还投资股票,虽说买得不多,但每年也有 20 多万元的收入入账。

专家提示

本案例涉及以自行申报方式纳税时纳税申报地点确定的问题。

依据个人所得税法负有纳税义务的纳税人,有下列情形之一的:一是年所得 12 万元以上的;二是从中国境内两处或者两处以上取得工资、薪金所得的;三是从中国境外取得所得的;四是取得应税所得,没有扣缴义务人的;五是国务院规定的其他情形。应当以自行申报纳税的方式办理纳税申报。

上述两个案例中王某和张某均达到了应自行申请纳税的数额要求,因此他们应主动采取自行申报纳税方式去税务局或者税务所办理纳税申报。

那么自行申报纳税时纳税申报地点是怎么确定的呢?我国《个人所得税自行纳税申报办法(试行)》规定年所得 12 万元以上的自然人纳税,纳税申报地点分别为:向任职、受雇单位所在地主管税务机关申报。假如有两处或者两处以上任职、受雇单位的,选择并固定向其中一处单位所在地主管税务机关申报。在中国境内无任职、受雇单位,年所得项目中有个体工商户的生产、经营所得或者对企事业单位的承包经营、承租经营所得的,向其中一处实际经营所在地主管税务机关申报。在中国境内无任职、受雇单位,年所得项目中无生产、经营所得的,向户籍所在地主管税务机关申报。在中国境外有户籍,但户籍所在地与中国境内经常居住地不一致的,选择并固定向其中一地主管税务机关申报。在中国境内没有户籍的,向中国境内经常居住地主管税务机关申报。

从两处或者两处以上取得工资、薪金所得的,选择并固定向其中一处单位所在地主管税务机关申报。

从中国境外取得所得的,向中国境内户籍所在地主管税务机关申报。在中国境外有户籍,在中国境内没有户籍的,向中国境内经常居住地主管税务机关申报。

个体工商户向实际经营所在地主管税务机关申报。

兴办的企业全部是个人独资性质的,分别向各企业的实际经营管理所在地主管税务机关申报。

兴办的企业中含有合伙性质的,向经常居住地主管税务机关申报。

法律依据

《个人所得税自行纳税申报办法(试行)》第十条规定:"年所得12万元以上的纳税人,纳税申报地点分别为:

(一)在中国境内有任职、受雇单位的,向任职、受雇单位所在地主管税务机关申报。

(二)在中国境内有两处或者两处以上任职、受雇单位的,选择并固定向其中一处单位所在地主管税务机关申报。

(三)在中国境内无任职、受雇单位,年所得项目中有个体工商户的生产、经营所得或者对企事业单位的承包经营、承租经营所得(以下统称生产、经营所得)的,向其中一处实际经营所在地主管税务机关申报。

(四)在中国境内无任职、受雇单位,年所得项目中无生产、经营所得的,向户籍所在地主管税务机关申报。在中国境内有户籍,但户籍所在地与中国境内经常居住地不一致的,选择并固定向其中一地主管税务机关申报。在中国境内没有户籍的,向中国境内经常居住地主管税务机关申报。

《个人所得税自行纳税申报办法(试行)》第十一条规定:“取得本办法第二条第二项至第四项所得的纳税人,纳税申报地点分别为:

(一)从两处或者两处以上取得工资、薪金所得的,选择并固定向其中一处单位所在地主管税务机关申报。

(二)从中国境外取得所得的,向中国境内户籍所在地主管税务机关申报。在中国境内有户籍,但户籍所在地与中国境内经常居住地不一致的,选择并固定向其中一地主管税务机关申报。在中国境内没有户籍的,向中国境内经常居住地主管税务机关申报。

(三)个体工商户向实际经营所在地主管税务机关申报。

(四)个人独资、合伙企业投资者兴办两个或两个以上企业的,区分不同情形确定纳税申报地点:

1.兴办的企业全部是个人独资性质的,分别向各企业的实际经营管理所在地主管税务机关申报。

2.兴办的企业中含有合伙性质的,向经常居住地主管税务机关申报。

3.兴办的企业中含有合伙性质,个人投资者经常居住地与其兴办企业的经营管理所在地不一致的,选择并固定向其参与兴办的某一合伙企业的经营管理所在地主管税务机关申报。

(五)除以上情形外,纳税人应当向取得所得所在地主管税务机关申报。”

《个人所得税自行纳税申报办法(试行)》第十二条规定:“纳税人不得随意变更纳税申报地点,因特殊情况变更纳税申报地点的,须报原主管税务机关备案。”

16. 内资企业的纳税申报地点都是企业所在地的税务机关吗?

案情简介

所谓内资企业是指以国有资产、集体资产、国内个人资产投资创办的企业。包括国有企业、集体企业、私营企业、联营企业和股份企业等。随着我国改革开放的发展,我国的内资企业日益增多,也逐渐出现了一部分有实力的内资企业,但是在内资企业纳税过程中,是不是为了方便纳税人的需要,所有内资企业统一都要在企业所在地进行纳税申报登记呢?

专家提示

正如上述案例所说,我国为了加强对税收的管理和监督,国家规定,企业所得税的纳税人应向其所在地的税务机关办理纳税登记和进行纳税申报和缴纳。这里的所在地是指纳税人实际经营管理所在地,企业注册地和实际经营管理地不一致时,以实际经营地为纳税地点。但是在实行分税制后,由于企业所得税是按照产权归属关系分级缴纳入库,对跨地区经营的企业原则上也应按属地征收原则,有经营管理所在地主管税务机关就地征收,不再回原企业所在地征缴。

但是在上述原则之外,出于对一些企业特殊性的考虑,相关的法律另有一些针对这些企业特殊性的规定:

联营企业、股份制企业实行先税后分原则,在其经营所在地就地缴纳该企业的企业所得税。

铁路运营、民航运输、邮电通信行业分别由铁道部、民航总局于北京集中缴纳所得税。

中国工商银行、中国银行、中国投资银行、中国交通银行、中国建设银行和中国农业银行分别由总行在北京集中缴税。

农牧、渔业、农机、气象等企业或事业单位仍以独立经济核算的企业或事业单位为纳税人，就地缴纳企业所得税。

中国人民保险公司分别由总公司、省分公司于总公司和省分公司的所在地集中缴纳企业所得税。

地方农垦企业及其所属的企业、事业单位从1999年起，以独立经济核算的企业或事业单位为纳税人，就地缴纳企业所得税。

法律依据

《国家税务总局关于进一步加强汇总纳税企业所得税管理的通知》第二条规定："加强成员企业的管理。实行汇总缴纳企业所得税，不改变成员企业依据《中华人民共和国企业所得税暂行条例》等有关规定所具有的独立纳税人身份，除总局另有规定的以外，其所有税务事项均在当地办理。所在地主管税务机关，应将汇总纳税的成员企业，与其他独立纳税人一样进行税收管理。"

《国家税务总局关于进一步加强汇总纳税企业所得税管理的通知》第三条规定："加强税务登记管理。汇总纳税成员企业必须按规定在所在地税务机关办理税务登记或注册税务登记，接受所在地税务机关的监督管理。成员企业未按规定进行税务登记或注册税务登记的，税务机关要严格依据《中华人民共和国税收征收管理法》及其细则等有关规定，追究其法律责任，予以相应处罚。"

17. 我国纳税人纳税申报途径有哪些？

案情简介

王某在河北、山东、北京等省份都开办了自己的企业，由于经常要在这三地奔波，王某想了解一下我国现行的纳税申报途径有哪些？是不是针对自己企业有更为简便的方式进行纳税申报，以节约自己的纳税流程？

专家提示

纳税申报是指纳税人、扣缴义务人按照法律、行政法规的规定，在申报期限内就纳税事项向税务机关书面申报的一种法定手续。

税务机关应当建立、健全纳税人自行申报纳税制度。税务机关有义务为纳税人提供更优质、方便快捷的纳税申报方式和途径。但对不同税种的纳税方式要求是不一样的，同样，在不同的地区缴纳同一种税的纳税方式可能也是不一样的，发达地区一般会有更多的纳税方式的选择，比如互联网、IC卡等。我国现行的纳税途径主要有以下几类：

1. 上门申报

上门申报就是纳税人、扣缴义务人和代征人亲自去纳税机关进行纳税申报，这也是传统意义上的最基本的纳税申报方式。纳税人、扣缴义务人、代征人应当在纳税申报期限内到主管国家税务机关办理纳税申报、代扣代缴、代收代缴税款或办理委托代征税款报告表。

2.邮寄申报

邮寄申报这种方式当然有其一定的方便性,但是如果在申报过程中出现申报材料不够、申报主体不对等情况,往往会出现反复邮寄的情况,这样反而浪费了纳税人的时间,延长纳税申报流程。法律规定纳税人采取邮寄方式办理纳税申报的,应当使用统一的纳税申报专用信封,并以邮政部门收据作为申报凭据。邮寄申报以寄出的邮戳日期为实际申报日期。

3.数据电文申报

数据电文申报是指税务机关以确定的电话语音、电子数据交换和网络传输等电子方式进行纳税申报。纳税人采取电子方式办理纳税申报的,应当按照税务机关规定的期限和要求保存有关资料,并定期书面报送主管税务机关。网络申报成为了近些年来各地国税、地税系统改革的重头兵,网络的全国性普及也为这种新兴的纳税申报方式的实现提供了一个很好的应用前提。

我国相关法律规定,经税务机关批准,纳税人、扣缴义务人就可以采取邮寄、数据电文方式办理纳税申报或者报送代扣代缴、代收代缴税款报告表。另外,实行定期定额缴纳税款的纳税人,可以实行简易申报、简并征期等申报纳税方式。当然,随着科技的日益进步,我国纳税的申报方式也在日益增多,比如很多地方已经在网上建立了虚拟的纳税服务大厅,有的是采用了 IC 卡的纳税方式,当然这些方式很多还没有在全国范围内普及和完善,但是相信随着这些新型纳税方式应用范围的越来越广、技术越来越成熟,这种足不出户的纳税方式一定能够替代传统的税收征管模式。

法律依据

《中华人民共和国税收征收管理法(新征管法)》第二十六条规定:“纳税人、扣缴义务人可以直接到税务机关办理纳税申报或者报送代扣代缴、代收代缴税款报告表,也可以按照规定采取邮寄、数据电文或者其他方式办理上述申报、报送事项。”

《中华人民共和国税收征收法实施细则》第三十条规定:“税务机关应当建立、健全纳税人自行申报纳税制度。经税务机关批准,纳税人、扣缴义务人可以采取邮寄、数据电文方式办理纳税申报或者报送代扣代缴、代收代缴税款报告表。

数据电文方式,是指税务机关确定的电话语音、电子数据交换和网络传输等电子方式。”

《中华人民共和国税收征收法实施细则》第三十一条规定:“纳税人采取邮寄方式办理纳税申报的,应当使用统一的纳税申报专用信封,并以邮政部门收据作为申报凭据。邮寄申报以寄出的邮戳日期为实际申报日期。

纳税人采取电子方式办理纳税申报的,应当按照税务机关规定的期限和要求保存有关资料,并定期书面报送主管税务机关。”

三、合法节税

1. 如何区分合法节税与偷税、避税的行为?

案情简介

2004 年 5 月,广东地税局在对广州美致蓝出国咨询顾问有限公司实施税收检查时,发现该公司从事代办出国业务并从中收取服务费,业务遍及全国 24 个省、市,但未发现企业有纳税申报记录,签订合同与收款的方式五花八门,案情复杂特殊,有重大偷税嫌疑。案情报告国家税务总局后,总局稽查局将此案列入督办案件,并于 2004 年 6 月,在广州召开了涉案地区地税局参加的案件协查工作会议。

经查,该中心是我国在加拿大的留学生白宁 1994 年 10 月在加拿大注册成立的。从 1995 年 10 月起,白宁先后在天津、北京、上海等 24 个城市成立了加拿大海外移民服务中心代表处,从事赴加拿大投资考察、经商、定居、学习工作等方面的咨询服务。2001 年,白宁将加拿大海外移民服务中心各地代表处注销,重新注册成立了“美致蓝”等公司,法人代表白宁换成了王屹南(白宁的哥哥)、朱桂卿(王屹南之妻),继续从事原来业务。

王屹南、白宁等人在经营期间,有计划、有目的地实施偷税行为。现已查实的证据表明,加拿大海外移民服务中心自 2001 年 10 月以来在国内注册的美致蓝等公司共办理出国人数 5035 人,合计偷营业税及附加、企业所得税、个人所得税和地方各附加费 402 万元。税务机关已做出处理决定,追缴其税费 402 万元,加收滞纳金 43 万元,罚款 382 万元。目前,王屹南已被公安机关取保候审,朱桂卿在押。

专家提示

上述案例是一个典型的有组织、有计划地实施偷税行为的案例。我国《刑法》在第三章破坏社会主义市场经济秩序罪中特别规定了一节为危害税收征管罪,法条从第二百零一条至第二百一十二条也都是关于危害税收征管的有关罪名及刑事处罚的规定。可见,我国《刑法》对税收刑事犯罪的重视程度和处罚力度都是相当大的。税收是保证国家机器运转的经济基础和进行宏观调控的重要手段,国家必须要采取各种手段,防止偷税、漏税等违反税收征管法律、条例的行为发生。

当然在合法的情况下,作为纳税人的我们,可以根据不同的法律规定,寻找适合自己的节税方式,这也是维护我们纳税人自身合法权益的一种方式。因此,我们必须明确什么是合法节税,什么是合理避税,还有偷税、漏税等违法行为的表现、特征,才能更好地依照法律、行政法规,履行作为纳税人的义务。

一、合法节税与偷税的区别

有关于偷漏税的定义。根据《全国人民代表大会常务委员会关于惩治偷税、抗税犯罪的补充规定》中的相关规定:纳税人采取伪造、变造、隐匿、擅自销毁账簿、记账凭证,在账簿上多列支出或者不列、少列收入,或者进行虚假的纳税申报的手段,不缴或者少缴应纳税款的,是偷税。

合法节税与偷税有着本质的区别:偷税是一种公然违反税法规定,与税法相对抗的行为。偷税的主要手段表现为纳税人通过有主动隐匿有关纳税情况和事实,达到少缴或不缴税款的目的,其行为具有明显的欺骗性质。而合法节税是尊重税法规定的,即首先在遵守税法规定的前提下,利用现有税收法律优惠规定,结合纳税人的具体经营情况来制定最有利的涉税方案,合法节税性质中首先的一条就是合法。

在法律后果上,偷税行为是属于税法上明确禁止的行为,因而一旦被税务机关查明属实,纳税人就要为此承担相应的法律责任,受到法律的制裁。世界上各国税法对隐瞒纳税事实的偷逃税行为都有处罚规定。而合法节税则是通过某种合法的形式来尽可能减少纳税人的税收负担,其经济行为无论在形式上还是事实上都是符合税法规定的,各国政府对此一般都是默许,甚至是鼓励的。

从社会影响看,偷税是公然违反税法、利用虚假的申报减少纳税,因此,偷逃税是纳税人一种藐视法律的行为,各地税务机关为了防止纳税人的偷漏税,均在进一步加强税收征管,严格执法。而合法节税的成功则需要纳税人及筹划人对税法条文的熟悉和税法精神的充分理解，同时又要掌握必要的筹划技术，才能达到节税的目的。

二、合法节税与避税的区别

避税是指纳税人利用税法漏洞或者缺陷，通过对经营及财务活动的精心安排，以期达到纳税负担最小的经济行为。比如我国的一些企业为了享受外商投资企业的“两免二减半”的税收优惠，从国外请来客商，不要其投资，只借其名义，成立所谓的外商投资企业。一边享受外商的优惠，另一边进行的却是内资企业的生产和经营。显然，避税行为是违背了税法优惠政策制定时的精神和意图，是不符合政府的税收政策导向的。因此，其必然是得不到法律保护的。

有关“避税”是否合法的争论一直在进行。避税者根据“法律无明文规定不为罪”的原则，认为避税“合法”。因为其在一定时候的确是可以为纳税人带来利益，因此，在一开始，避税的概念是中性的，也曾在纳税人中风靡一时。但随着避税范围的扩大，给我国财政收入造成的影响也在不断增大，政府在税法中不断地加入反避税条款。从目前的情况来看，避税已不再是中性的行为，而是法律条款或者立法精神反对甚至是打击的一项非合法的行为。

可以这样说，避税是纳税人利用税法上的漏洞和不成熟之处，靠小聪明去打税法的“擦边球”，以谋取税收利益。而合法节税则是遵照国家税法的规定和遵循政府的税收立法意图，在纳税义务发生前为了节税而所作的对投资、经营、财务活动的事先安排。避税尽管在形式上并不违法，甚至体现了筹划者的一种“聪明”。但其实质是有悖于税法的立法意图的；节税从形式到内容是完全合法的，反映了国家税收政策的意图，是税收法律予以保护和鼓励的。

三、节税赞同税收筹划的概念

税收筹划是指遵循税收法规和政策的要求，以合法方式减少企业的税负的行为。税收筹划是合法而且合理的行为，其合理性体现在其行为符合税收优惠政策的制定精神。

在我国的税收理论及实践中，目前广泛赞同税收筹划等同于节税的概念。在国家税务总局出版的有关税务筹划书籍及《中国税务报》中，很明确地把税收筹划定义为：“在税法规定的范围内，通过对经营、投资、理财活动的事先筹划和安排，尽可能取得节税的税收利益”。国家对于节税的概念完全是持鼓励、支持的态度。因为节税行为经常是与环境保护、高科技、下岗再就业、引进国外资金投入及引进先进技术，扩大产品出口创汇等我国政府鼓励的项目相联系的，它所体现的是实实在在的为国分忧，也是实实在在的强国富民。节税行为完全是个人（股东）、集体（纳税人）、国家三者税收利益的最佳结合点。

最后，我们要表明一个观点：愚蠢的人去偷税；聪明的人去避税；智慧的人去节税。

法律依据

《中华人民共和国刑法》

第三章　破坏社会主义市场经济秩序罪

第六节　危害税收征管罪

第二百零一条　纳税人采取伪造、变造、隐匿、擅自销毁账簿、记账凭证，在账簿上多列支出或者不列、少列收入，经税务机关通知申报而拒不申报或者进行虚假的纳税申报的手段，不缴或者少缴应纳税款，偷税数额占应纳税额的百分之十以上不满百分之三十并且偷税数额在一万元以上不满十万元的，或者因偷税被税务机关给予二次行政处罚又偷税的，处三年以下有期徒刑或者拘役，并处偷税数额一倍以上五倍以下罚金；偷税数额占应纳税额的百分之三十以上并且偷税数额在十万元以上的，处三年以上七年以下有期徒刑，并处偷税数额一倍以上五倍以下罚金。

扣缴义务人采取前款所列手段，不缴或者少缴已扣、已收税款，数额占应缴税额的百分之十以上并且数额在一万元以上的，依照前款的规定处罚。

对多次犯有前两款行为，未经处理的，按照累计数额计算。

2. 在多重收入选择下，如何降低纳税金额？

案情简介

小赵所在的龙川科技公司是江西省南昌市市属的一个乡镇企业，该企业在制定工资标准的时候，给员工们两个方案供他们选择：一是将每个月 2000 元的住房补贴包含在工资里面按月发放；二是让员工租住公司自己盖的宿舍，将部分的住房补贴转让给公司，就当是交纳租金。小赵他们是在公司有过几年工作经验的员工，除去这些住房补贴，每个月的工资大约在 3500 元，那么到底采取哪种方案，能够降低纳税额？

专家提示

本案主要涉及在多重收入选择下，如何降低纳税金额的法律问题。

按照我国《个人所得税法》规定，工资、薪金达到一定的水平的，必须依法缴纳个人所得税。在这种情况下，如果选择将住房补贴包含在工资内，员工所要缴纳的个人所得税税额势必会相应增加。那么为了达到降低纳税税额的目的，小赵他们完全可以选择第二种方案，即租住公司的自有住房。这样公司为员工提供的工资将会低于原本加入住房补贴的工资，这就意味着要缴纳的个人所得税税额将会减少，达到避税的效果。而且，同时将员工部分的住房补贴转让给公司，也给公司增加了收入。

个人所得税就是通过对收入总额划分档次来纳税的，因此对员工的支出值确定一个固定的扣缴额，这样，员工的收入越高，所要支付的税金就越多，所以，公司将住房补贴以工资的形式直接支付给员工将会造成员工更多的纳税负担。一般来讲，企业发放工资中是含有住房补贴的，住房补贴的标准也是按照每个员工的工资标准发放的，因此，员工工资越高，发放的住房补贴一般也会增加。但是，住房补贴的数额同实际上的住房租金相比起来是相差很远的，因此来说，一般的员工所得到的住房补贴远远不够缴纳其住房的租金。而一般单位为员工提供的住房，其租金是低于市面上的住房租金的。因此，如果租用单位自有的住房，一方面可以少付数额较大的住房租金，且在个人所得税的缴纳方面又可以少缴。在员工受聘的时候，应当与公司协商，由公司支付员工在工作期间的住房租金，而其薪金则在原有的基础上做适当调整，这样，公司的负担不变，员工又降低了个人所得税的负担，是非常有利于员工和公司双方的。

法律依据

《中华人民共和国个人所得税法》第一条　在中国境内有住所，或者无住所而在境内居住满一年的个人，从中国境内和境外取得的所得，依照本法规定缴纳个人所得税。

在中国境内无住所又不居住或者无住所而在境内居住不满一年的个人，从中国境内取得的所得，依照本法规定缴纳个人所得税。

第二条第一款　下列各项个人所得，应纳个人所得税：工资、薪金所得。

第三条第一款　个人所得税的税率：工资、薪金所得，适用超额累进税率，税率为百分之二至百分之四十五。

注：目前，我国国务院已经通过了个人所得税法修正案，

个税的起征点拟定在3500元。

七级超额累进税率	
全月应纳税额不超过1500元	税率为3%
全月应纳税额超过1500元至4500元	税率为10%
全月应纳税额超过4500元至9000元	税率为20%
全月应纳税额超过9000元至35000元	税率为25%
全月应纳税额超过35000元至55000元	税率为30%
全月应纳税额超过55000元至80000元	税率为35%
全月应纳税额超过80000元	税率为45%

3. 怎样通过把劳动报酬转换成工资、薪金来节税?

案情简介

小石是一名刚从学校毕业的大学生,目前在一家私人英语培训学校当英语教师。在与培训学校签订合同的时候,学校承诺每周 40 小时的学时,每周的报酬是一小时 40 元,这样算下来,每个月小石能够得到的报酬是 6400 元。可是,等到第一个月月末的时候,小石却只得到了报酬 5376 元。小石经询问得知,原来,她的报酬是劳务报酬,缴纳的个人所得税税率是很高的。现在小石想改变这种状况,该怎么办呢?

专家提示

本案主要涉及的是如何通过劳务报酬与工资、薪金的转换来节省纳税额的法律问题。

工资、薪金所得,是指个人在机关、团体、学校、部队、企事业单位及其他组织中任职或者被雇佣而取得的各项报酬,是个人从事非独立性劳务活动的收入。

劳务报酬所得,是指个人从事设计、装潢、安装、制图、化验、测试、医疗、法律、会计、咨询、讲学、新闻、广播、翻译、审稿、书画、雕刻、影视、录音、录像、演出、表演、广告、展览、技术服务、介绍服务、经纪服务、代办服务以及其他劳务取得的所得。

工资、薪金所得和劳务报酬所得的具体范围,在我国《个人所得税法》中有较为明确的界定。两者的区别在于:前者提供劳动所得的单位与个人之间存在着稳定的雇佣与被雇佣的关系,而后者是不存在这种关系的。

根据我国目前的法律，以及现在的个人所得税法修正案，我国目前的个人所得税法中，工资、薪金的适用将会改变为七级超额累进制税率，劳务报酬所得适用的是20%的比例税率，而且对于一次性畸高的，可以加成征收。

由此可见，相同数额的工资、薪金所得与劳务报酬所得所适用的税率是不同的。如果，同时既有工资、薪金所得和劳务报酬所得，他们的个人所得税的缴纳应当是分开的。但是，本案中，小石只有一种，就是劳务报酬所得，因此，只要计算劳务报酬所得就可以了。

根据《个人所得税法》，劳务报酬所得的应纳税所得额为：每次劳务报酬收入不足4000元的，用收入减去800元的费用；每次劳务报酬收入超过4000元的，用收入减去收入额的20%。劳务报酬所得适用20%的税率。劳务报酬所得应纳税额的计算公式为：应纳个人所得税税额＝应纳税所得额×20%。小石的应纳个人所得税税额就应该是6400×(1－20%)×20%＝1024元，那么税后所得应为6400－1024＝5376(元)。

如果小石与该培训机构签订了劳动合同，形成了固定的雇佣关系，那么它的劳动所得就是工资、薪金所得了，那么这样它的应纳税额就变成了(6400－3500)×10%－105＝185(元)。那么它的实际所得应为6400－185＝6215(元)。与之前的劳务报酬所得相比较，每个月都少纳税1024－185＝839(元)。所以说，如果小石与该培训机构签订了长期的劳务合同，那么每年能节税839×12＝10068(元)。

这种节税方法的原理在于工资、薪金所得适用的税率比劳务报酬所得适用的税率低，因此，在法律允许的情况下，将劳务报酬所得转化为工资、薪金所得，可以节约很大一笔个人所得税，但是关键还是个人与单位之间能否有稳定的雇佣关系，双方能否签订劳动合同。

法律依据

《中华人民共和国个人所得税法》

第三条　个人所得税的税率：

一、工资、薪金所得，适用超额累进税率，税率为百分之三至百分之四十五。

二、个体工商户的生产、经营所得和对企事业单位的承包经营、承租经营所得，适用百分之五至百分之三十五的超额累进税率。

三、稿酬所得，适用比例税率，税率为百分之二十，并按应纳税额减征百分之三十。

四、劳务报酬所得，适用比例税率，税率为百分之二十。对劳务报酬所得一次收入畸高的，可以实行加成征收，具体办法由国务院规定。

五、特许权使用费所得，利息、股息、红利所得，财产租赁所得，财产转让所得，偶然所得和其他所得，适用比例税率，税率为百分之二十。

第六条第四款　应纳税所得额的计算：劳务报酬所得、稿酬所得、特许权使用费所得、财产租赁所得，每次收入不超过四千元的，减除费用八百元；四千元以上的，减除百分之二十的费用，其余额为应纳税所得额。

4. 怎么通过各种收入形式的转换，降低缴税数额？

案情简介

王先生在业余时间为一家公司提供装潢的设计服务，每月获得的劳务报酬为 8000 元，为了获得这 8000 元的劳务报酬，王先生每月需要支付的往返车费为 400 元、材料费用 1500 元，在 2011 年度，王先生需要缴纳的个人所得税税额为 8000×(1－20％)×20％×12＝15360(元)。王先生觉得要缴纳的税额实在是太多了，所以，他希望能找到一个方法，减轻他的个人所得税税金。

专家提示

这是一个涉及通过开设个人独资企业来减轻纳税额的节税问题。

劳务报酬所得，是指个人从事设计、装潢、安装、制图、化验、测试、医疗、法律、会计、咨询、讲学、新闻、广播、翻译、审稿、书画、雕刻、影视、录音、录像、演出、表演、广告、展览、技术服务、介绍服务、经纪服务、代办服务以及其他劳务取得的所得。

王先生从事的行业，因为没有同公司签订劳动合同，因此他肯定是要缴纳劳务报酬所得的个人所得税税额，这个来说相对比较高。而且，王先生是利用其业余时间来做设计服务的，可见，他是有自己的正式工作的，因此，让王先生与该公司签订劳动合同也是不现实的。其实还有另外一种方法，可以解决王先生的问题，就是自己成立一家个人独资企业。因为王先生从事的行业是一个比较固定的行业，成立一家企业只能让他的事业更加稳定。如果王先生成立一家个人独资企业，专门为该公司提供装潢服务。由于其他的条件不会改变，因此，王先生每月仍需要支付往返车费400元、材料费1500元。根据个人独资企业投资者个人所得税计算的原则，王先生2011年度的总收入是8000×12＝96000（元），总成本为（400＋1500）×12＝22800（元）。王先生作为投资者，其个人费用可以扣除24000元。这样，2011年度，该个人独资企业的应纳税额为96000－22800－24000＝49200（元）。那么所应纳的税额为49200×20％－3750＝6090（元）。可见，通过合理的节税方法，王先生每年可以节约个人所得税税款：15360－6090＝9270（元）

法律依据

《关于个人独资企业和合伙企业投资者征收个人所得税的规定》

第四条 个人独资企业和合伙企业（以下简称企业）每一纳税年度的收入总额减除成本、费用以下损失后的余额，作为投资者个人的生产经营所得，比照个人所得税法的“个体工商户的生产经营所得”应税项目，适用5％－35％的五级超额累进税率，计算征收个人所得税。

《财政部国家税务总局关于调整个体工商户个人独资企业和合伙企业个人所得税税前扣除标准有关问题的通知》

根据现行个人所得税法及其实施条例和相关政策规定，现将个体工商户、个人独资企业和合伙企业个人所得税税前扣除标准有关问题通知如下：

（一）对个体工商户业主、个人独资企业和合伙企业投资者的生产经营所得依法计征个人所得税时，个体工商户业主、个人独资企业和合伙企业投资者本人的费用扣除标准统一确定为24000元/年（2000元/月）。

《中华人民共和国个人所得税法》第三条第二款　个人所得税的税率，个体工商户的生产、经营所得和对企事业单位的承包经营、承租经营所得，适用百分之五至百分之三十五的超额累进税率。

（二）个体工商户的生产、经营所得和对企事业单位的承包经营、承租经营所得适用

级数	含税级距	税率（%）	速算扣除数	说明
1	不超过15000元的	5	0	1. 本表含税级距是指每一纳税年度的收入总额，减除成本，费用以及损失的余额。 2. 含税级距适用于个体工商户的生产、经营所得和对企事业单位的承包经营承租经营所得。不含税级距适用，他人（单位）代付税款的承包经营、承租经营所得
2	超过15000元到30000元的部分	10	750	
3	超过30000元至60000元的部分	20	3750	
4	超过60000元至100000元的部分	30	9750	
5	超过100000元的部分	35	14750	

5. 哪些情况下农村企业可以免缴增值税?

案情简介

祥鑫公司是一家从事园林工程业务的小型公司,主要从事花卉苗木的种植和培育,生意在城镇企业当中算是比较不错的。公司租用了一些土地进行花卉苗木的种植,一直是被认为符合免缴城镇土地使用税的企业,因此在缴纳城镇土地使用税的时候一直都是免于缴纳。但是最近当地税务部门认为祥鑫公司应该缴纳土地使用税,其理由是花卉不属于种植业,祥鑫公司非常苦恼。那么祥鑫公司是不是应予减免城镇土地使用税呢?

专家提示

本案涉及农产品税率的减免问题。

免税农产品的范围

1. 农业生产者销售的自产农业产品免征增值税。

2. "农业生产者销售的自产农业产品"是指直接从事植物的种植、收割和动物的饲料、捕捞的单位和个人销售的注释所列的自产农业产品;对上述单位和个人销售的外购的农业产品,以及单位和个人外购农业产品生产、加工后销售的仍然属于税法注释所列的农业产品,不属于免税的范围,应当按照规定税率征收增值税。

3. 对农民专业合作社向本社成员批发和零售的种子、种苗、化肥、农药、农机免征增值税。

按照《中华人民共和国增值税暂行条例》及其实施细则的规定,从事农业生产的单位和个人自产自销的初级农业产品免征增值税。

在这个规定中,农业是指种植业、养殖业、林业、牧业、水产品,从事农业生产是直接从事农业的种植、收割、饲养、捕捞等;自产自销是自己生产,并且用于自己销售的一种行为,而对于通过收购、生产并加工出售的农业产品，则不在免税的行列。同时，需要特别注意的是，免税的农业产品必须是初级农业产品，即只是通过简单的晒干、腌制、切片等粗略的方式制成的农业产品。

根据如上的法律规定，可以认为，祥鑫公司种植和培育的花卉，应当属于种植业，而种植业是可以得到税收减免优惠的，因此当地的税务机关应当减免该公司的土地使用税。

法律依据

《中华人民共和国增值税暂行条例》第十五条规定："下列项目免征增值税：

(一)农业生产者销售的自产农产品；

(二)避孕药品和用具；

(三)古旧图书；

(四)直接用于科学研究、科学试验和教学的进口仪器、设备；

(五)外国政府、国际组织无偿援助的进口物资和设备；

(六)由残疾人的组织直接进口供残疾人专用的物品；

(七)销售的自己使用过的物品。

除前款规定外，增值税的免税、减税项目由国务院规定。任何地区、部门均不得规定免税、减税项目。"

《农业产品征税范围注释》第十一条　其他植物

其他植物是指除上述列举植物以外的其他各种人工种植和野生的植物，如树苗、花卉、植物种子、植物叶子、草、麦秸、豆类、薯类、藻类植物等。

干花、干草、薯干、干制的藻类植物，农业产品的下脚料等，也属于本货物的征税范围。

6. 房屋买卖中采取何种措施能有效节税？

案情简介

老张在城里有一套 80 平方米左右的商品房，住了有大概 10 年的时间。这套房子的朝向还有地理位置都很好。但是老张因为家里有事的缘故要将这套房子变卖。老张经过询问得知，现如今，他这套 80 平方米的房子，市值在 150 万元左右，如果要纳税的话，应当缴纳包括个人所得税、契税、营业税、土地增值税、印花税等好几个税种，自然税额也是一笔不小的数字。老张就想知道，到底有没有什么方法，让他在交易房子的时候少交点税？

专家提示

这是一个涉及房屋买卖过程中节税的问题。

根据国家税法有关政策规定，个人转让房地产涉及的有关税费在商品房销售过程中，大致涉及以下几种税费：契税、个人所得税、手续费、印花税、营业税、城市维护建设税、教育费附加、土地增值税、中介服务费、房屋所有权登记费、房产税等。

但是我们居民主要要缴纳的税种是契税、个人所得税、营业税还有印花税这几种。因此，我们所说的节税也主要针对的是这几种税。

先说营业税，根据《关于调整个人住房转让营业税政策的通知》营业税的缴纳主要分以下三种情况：

1. 不足 5 年的非普通住房转让，全额征收营业税；

2. 超过 5 年（含 5 年）的非普通住房或不足 5 年的普通住房转让，按其销售收入减去购买房屋的价款后的差额征营业税；

3. 超过 5 年（含 5 年）的普通住房对外销售的，免征营业税。

所以在这个案例中，老张的房子本来就是自有住房，且时间已经超过了 5 年，因此，在此项上可以免缴营业税。

再说契税，《中华人民共和国契税暂行条例》规定，征税对象为土地使用权、房屋所有权的移转行为，税目为国有土地使用权出让，土地使用权转让（包括出售、赠与和交换），房屋买卖、赠与和交换，税率为3%～5%，纳税人是在我国境内承受转移土地、房屋权属的单位和个人。国家规定对个人购买自用普通住宅，暂减半征收契税。

契税的缴纳对象是房屋的买受人，老张作为房屋的出卖人，自然不用担心缴纳契税的问题。但是还是要注意，在契税的减免上，国家规定，个人购买自用普通住宅，暂减半征收契税，税率是3%。

再说个人所得税。个人所得税的问题是比较复杂的。

按照《个人所得税法》规定，个人出售自有住房取得的所得，应按"财产转让所得"项目计征个人所得税，税率为20%。同时，1999年12月，财政部、国家税务总局、建设部就有关问题又作出了明确规定，具体分三种情况征税：

1. 个人出售除公有住房以外的其他自有住房，其应纳税所得额按照个人所得税法的有关规定确定。即按照转让财产的收入额减除财产原值和合理费用后的余额缴纳20%的个人所得税，合理费用是指卖出财产时支付的有关费用。

2. 个人出售已购公有住房，其应纳税所得额为个人出售公有住房的销售价，减除住房面积标准的经济适用住房价款、原支付超过住房面积标准的房价款、向财政或原产权单位缴纳的所得收益以及税法规定的合理费用后的余额。

3. 职工出售以成本价（或标准价）出资的集资合作建房、安居工程住房、经济适用住房以及拆迁安置住房，比照已购公有住房确定应纳税所得额。

老张的情况应当属于第一种，个人出售公有住房以外的其他自有住房，应当缴纳财产的收入额减除财产原值和合理费用后的余额缴纳20%。但是在个人所得税的缴纳上，国家还有其他的减免优惠措施，即

一是对个人转让自用5年以上、并且是家庭唯一生活用房取得的所得，免征个人所得税。

二是对出售自有住房并拟在现住房出售1年内按市场价重新购房的纳税人，其出售住房应缴纳的个人所得税，先以纳税保证金形式向主管税务机关缴纳，购房金额大于或等于原住房销售额的，全部退还纳税保证金，购房金额小于原住房销售额的，按照购房金额占原住房销售额的比例退还纳税保证金，余额作为个人

所得税缴入国库。

如果老张家的房子能证明是其家庭唯一生活用房，那么就可以免征个人所得税了。但如果不是的话，还是要缴纳个人所得税的。

最后再说一下印花税的问题。印花税是对经济活动交往中书立领受的各种应税经济凭证所征收的一种税。根据印花税暂行条例规定，个人买卖房地产按交易合同记载金额的万分之五的税率对买卖双方征收印花税。对房屋买卖双方要缴纳印花税，印花税要贴在房屋买卖契约正本上。印花税的征税对象包括经济合同、产权转移书据、营业账簿、权利、许可证照和经财政部确定征税的其他凭证。其纳税人是买卖双方，其税率是购房金额的万分之五，也就是说，老张的这套房子卖 150 万元，那么缴纳印花税的金额是 750 元。

因此，如果老张的房子能证明是家中唯一一套生活用房的话，就可以免征个人所得税，而且这套房子本身不用缴纳营业税，契税也不是由老张来缴，那么剩下的各种税款加起来数额也就不是很大了。

法律依据

《国务院、国家税务总局关于调整个人住房转让营业税政策的通知》

为了促进房地产市场健康发展，经国务院批准，现将个人住房转让营业税政策通知如下：个人将购买不足 5 年的住房对外销售的，全额征收营业税；个人将购买超过 5 年（含 5 年）的非普通住房对外销售的，按照其销售收入减去购买房屋的价款后的差额征收营业税；个人将购买超过 5 年（含 5 年）的普通住房对外销售的，免征营业税。

《中华人民共和国个人所得税法实施条例》第八条第九款，税法第二条所说的各项个人所得的范围：财产转让所得，是指个人转让有价证券、股权、建筑物、土地使用权、机器设备、车船以及其他财产取得的所得。

《财政部、国家税务总局、建设部关于个人出售住房所得征收个人所得税有关问题的通知》第四款，对个人转让自用 5 年以上、并且是家庭唯一生活用房取得的所得，继续免征个人所得税。

7. 通过准确核算能否有效减轻应缴纳税额？

案情简介

红海歌舞厅是某镇上几家歌舞厅之一。在 2010 年的纳税申报过程中，红海歌舞厅的总经理发现，自己的歌舞厅与其他的歌舞厅在营业额上相差无几，可是在税负上却比人家的歌舞厅多缴纳非常多的税额。总经理觉得非常奇怪，难道是别人家的歌舞厅偷漏税了吗？于是红海歌舞厅的总经理亲自到这个市的税务部门，请求查阅资料。税务人员经查明后发现，其他的歌舞厅的账簿设置合理，提供歌舞服务收入与销售的饮料、酒水、烟类分的都很清楚；而红海歌舞厅的账簿设置非常混乱，以至于对歌舞厅提供的服务收入和销售额都分不清楚。这样，前者清楚，能分别核算营业税和增值税；而后者不清楚，不能分开核算，只能统一征收增值税，而不征收营业税。增值税税率为 17%，而营业税税率为 10%，红海歌舞厅的税率只能按 17%缴纳，而其他歌舞厅的税率就变为(17%＋10%)÷2＝13.5%，自然，在同等的营业额下，其他的歌舞厅缴纳的税额要比红海歌舞厅的低了。

专家提示

本案主要涉及准确核算是否有利于减轻税额的问题。

按照我国《营业税暂行条例实施细则》的有关规定，企业在进行财务处理时，必须将不同种的征税项目分别核算，分别申报纳税，如果纳税人不分别核算或者不能准确核算，其应税劳务与货物或者非应税劳务一并征收增值税。

在本案中，其他的歌舞厅由于能够准确核算，将应税劳务与货物或者非应税劳务区分开来，税务机关在确认其兼营的前提下，分别征收营业税和增值税。而对红海歌舞厅则只能征收增值税，从而使两者在税额上差别较大。

本案还涉及兼营销售行为与混合销售行为的区别问题。如果，税务机关在确定某单位（纳税人）销售行为时，认定它们是混合销售的行为，那么即使纳税人分别核算、分别申报纳税，也不会起到减轻税额的作用。

我国税法规定在同一销售行为中如果既涉及应税劳务又涉及货物，称为混合销售行为。从事货物的生产、批发或零售的企业、企业型单位及个体经营者的混合销售行为，视为销售货物，不征收营业税；其他单位和个人的混合销售行为，视为提供应税劳务，应当缴纳营业税。

混合销售行为是指一项销售行为既涉及增值税应税货物又涉及非应税劳务的行为。兼营非应税劳务是指增值税纳税人在从事应税货物销售或提供应税劳务的同时，还从事非应税劳务（营业税规定的各项劳务），且从事的非应税劳务与某一项销售货物或提供应税劳务并无直接的联系或从属关系。由于兼营非应税劳务的特征是企业在主营缴纳增值税的业务以外兼营非应税劳务，而混合销售行为的特征为既涉及增值税应税货物又涉及非应税劳务，两者虽都与非应税劳务有关，但分别叫“兼营非应税劳务”和“涉及非应税劳务”。混合销售行为的特征是指涉及的货物销售和非应税劳务仅是针对一起销售行为，或者说，非应税劳务是为了销售相应的货物而发生，是从属于货物销售的行为，货物销售和非应税劳务的发生两者之间有着紧密的从属关系。由此可见，企业从事的非应税劳务与从事的应税货物或应税劳务之间有无从属关系是判断混合销售和兼营销售的唯一标准。

既然，混合销售与兼营销售是两个不同的概念，那么在税务处理上的规定也是不同的。税法对混合销售行为，是按“经营主业”来确定征税的，只选择一个税种，增值税或者营业税。

在实际的生产经营活动中，企业的兼营和混合销售往往同时进行，在税收筹划上，如果企业选择了缴纳增值税，只要是应税货物的销售额占到总销售额的50%以上，就可以了；如果企业选择缴纳营业税，那么只要是应税劳务占到总销售额的50%以上。也就是说,企业完全可以通过控制应税货物和应税劳务的所占比例,来达到选择作为低税负税种的纳税人的目的。

法律依据

《中华人民共和国营业税暂行条例实施细则》第六条规定:"一项销售行为如果既涉及应税劳务又涉及货物,为混合销售行为。除本细则第七条的规定外,从事货物的生产、批发或者零售的企业、企业性单位和个体工商户的混合销售行为,视为销售货物,不缴纳营业税;其他单位和个人的混合销售行为,视为提供应税劳务,缴纳营业税。

第一款所称货物,是指有形动产,包括电力、热力、气体在内。

第一款所称从事货物的生产、批发或者零售的企业、企业性单位和个体工商户,包括以从事货物的生产、批发或者零售为主,并兼营应税劳务的企业、企业性单位和个体工商户在内。"

《中华人民共和国营业税暂行条例实施细则》第七条 纳税人的下列混合销售行为,应当分别核算应税劳务的营业额和货物的销售额,其应税劳务的营业额缴纳营业税,货物销售额不缴纳营业税;未分别核算的,由主管税务机关核定其应税劳务的营业额:

(一)提供建筑业劳务的同时销售自产货物的行为;

(二)财政部、国家税务总局规定的其他情形。

《中华人民共和国营业税暂行条例实施细则》第八条 纳税人兼营应税行为和货物或者非应税劳务的,应当分别核算应税行为的营业额和货物或者非应税劳务的销售额,其应税行为营业额缴纳营业税,货物或者非应税劳务销售额不缴纳营业税;未分别核算的,由主管税务机关核定其应税行为营业额。

8. 如何通过变更"经营主业"来选择税负较轻的税种?

案情简介

某乡镇锅炉生产厂有职工280人,每年产品销售收入为2800万元,其中安装、调试收入为600万元。该厂除生产车间外,还设有锅炉设计室负责锅炉设计及建安设计工作,每年设计费为2200万元。另外,该厂下设6个全资子公司,其中有A建安公司、B运输公司等,实行汇总缴纳企业所得税。

该厂被主管税务机关认定为增值税一般纳税人,对其发生的混合销售行为一并征收增值税。这主要是因为该厂属于生产性企业,而且兼营非应税劳务销售额未达到总销售额的50%。由此,该企业每年应缴增值税的销项税额为:(2800+2200)×17%=850(万元)

增值税进项税额为340万元,应纳增值税税金为:850－340=510(万元)

增值税负担率为:510÷5000×100%=10.2%

由于该厂增值税负担率较高,限制了其参与市场竞争,经济效益连年下滑。为了改变现状,对企业税收该厂应当如何策划?

专家提示

税法对混合销售行为,是按"经营主业"来确定征税的,只选择一个税种:增值税或营业税。在实际经营活动中,企业的兼营和混合销售往往同时进行,在税收筹划时,如果企业选择缴纳增值税,只要使应税货物的销售额占到总销售额的50%以上;如果企业选择缴纳营业税，只要使应税劳务占到总销售额的50%以上。也就是说，企业完全可以通过控制应税货物和应税劳务的所占比例，来达到选择作为低税负税种的纳税人的目的。

因此，企业可以通过变更“经营主业”来选择税负较轻的税种。但在实际业务中，有些企业却不能轻易地变更经营主业，这就要根据企业的实际情况，采取灵活多样的方法来调整经营范围或核算方式，规避增值税的缴纳。

由于该厂是生产锅炉的企业，其非应税劳务销售额，即安装、调试、设计等收入很难达到销售总额的50%以上，因此，要解决该厂的问题，必须调整现行的经营范围及核算方式。具体筹划思路是，将该厂设计室划归A建安公司，随之设计业务划归立新建安公司，由建安公司实行独立核算，并由建安公司负责缴纳税款。

将该厂设备安装、调试人员划归A建安公司，将安装调试收入从产品销售的收入中分离出来，归建安公司统一核算缴纳税款。

通过上述筹划，其结果如下：该锅炉厂产品销售收入为：2800－600－2200（万元）；应缴增值税销项税额为：2200×17%＝374（万元）

增值税进项税额为：340万元；应纳增值税为：374－340＝34（万元）

A建安公司应就立新锅炉设计费、安装调试收入一并征收营业税；应缴纳税金为：(600＋2200)×5%＝140（万元）

此时，税收负担率为：(34＋140)÷5000×100%＝3.48%，比筹划前的税收负担率降低了6.74个百分点。

法律依据

《中华人民共和国营业税暂行条例实施细则》第六条规定:“一项销售行为如果既涉及应税劳务又涉及货物,为混合销售行为。除本细则第七条的规定外,从事货物的生产、批发或者零售的企业、企业性单位和个体工商户的混合销售行为,视为销售货物,不缴纳营业税;其他单位和个人的混合销售行为,视为提供应税劳务,缴纳营业税。

第一款所称货物,是指有形动产,包括电力、热力、气体在内。

第一款所称从事货物的生产、批发或者零售的企业、企业性单位和个体工商户,包括以从事货物的生产、批发或者零售为主,并兼营应税劳务的企业、企业性单位和个体工商户在内。”

《中华人民共和国营业税暂行条例实施细则》第七条纳税人的下列混合销售行为,应当分别核算应税劳务的营业额和货物的销售额,其应税劳务的营业额缴纳营业税,货物销售额不缴纳营业税;未分别核算的,由主管税务机关核定其应税劳务的营业额:

(一)提供建筑业劳务的同时销售自产货物的行为;

(二)财政部、国家税务总局规定的其他情形。

《中华人民共和国营业税暂行条例实施细则》第八条纳税人兼营应税行为和货物或者非应税劳务的,应当分别核算应税行为的营业额和货物或者非应税劳务的销售额,其应税行为营业额缴纳营业税,货物或者非应税劳务销售额不缴纳营业税;未分别核算的,由主管税务机关核定其应税行为营业额。

9. 如何通过改变企业形态减少纳税成本？

案情简介

飞鸿有限责任公司是一家生产塑料制品的乡镇企业，一共有5位股东，每位股东分别都占有公司的股份20%，2010年度，飞鸿有限责任公司的纯收入（应纳税所得额）为100万元，应当缴纳的企业所得税是25万元，假设税后的全部利润全部分配，那么每位股东所能获得的税后利润是多少，如果想要减少纳税额，那么节税的方案又应该怎样制定？

专家提示

首先，先解决问题中的第一个，该有限责任公司的税后利润为：100－25＝75（万元），那么每位股东可以分得的税后利润是75÷5＝15（万元）。根据《中华人民共和国个人所得税法》的规定，股息所得需要交纳20%的个人所得税。因此，每位股东都需要缴纳个人所得税，即：15×20%＝3（万元），那么这样一来，每位股东的最后所得利润就变成了15－3＝12（万元）。在此过程中，公司和股东共缴纳所得税的数额是25＋3×5＝40（万元）。因此，纳税总额占到公司年度收入的40%。

可见，如果按照正常的纳税渠道来进行税务缴纳的话，纳税额占到了非常大的一部分，有限责任公司本来就是不大的公司，需要纳如此多的税，负担还是非常沉重的。因此，为了减轻税收负担，可以将该有限责任公司的性质转变成合伙企业，由于合伙企业应纳税所得额的计算与有限责任公司应纳税所得额的计算基本相同，因此，可以近似认为该合伙企业的应纳税所得额也是100万元，每位合伙人所应得到的利润还是25万元。5位合伙人应当缴纳的个人所得税额为：(200000×35%－6750)×5＝316250元。通过这样的节税方案，减轻的税收负担为：400000－316250＝83750(元)。

之所以能减轻这么多的纳税额，是因为由于不同企业类型所缴纳的所得税是不同的，具有法人资格的企业，如有限责任公司和股份有限公司缴纳企业所得税，而不具有法人资格的个人独资企业和合伙企业则缴纳个人所得税。目前，个人独资企业和合伙企业的投资者适用5%～35%的超额累进税率，而法人企业则缴纳25%的企业所得税，符合条件的小型微利企业还有20%的优惠税率。法人企业缴纳企业所得税后，股东所获得的股息还要缴纳20%的个人所得税。因此，通过有限责任公司与个人独资企业或者合伙企业之间的转换可以实现税收负担的减轻。

法律依据

《中华人民共和国个人所得税法》

第二条第七款　下列各项个人所得，应纳个人所得税：利息、股息、红利所得；

第三条　个人所得税的税率：

一、工资、薪金所得，适用超额累进税率，税率为百分之三至百分之四十五。

二、个体工商户的生产、经营所得和对企事业单位的承包经营、承租经营所得，适用百分之五至百分之三十五的超额累进税率。

三、稿酬所得，适用比例税率，税率为百分之二十，并按应纳税额减征百分之三十。

四、劳务报酬所得，适用比例税率，税率为百分之二十。对劳务报酬所得一次收入畸高的，可以实行加成征收，具体办法由国务院规定。

五、特许权使用费所得，利息、股息、红利所得，财产租赁所得，财产转让所得，偶然所得和其他所得，适用比例税率，税率为百分之二十。

第六条第六款　应纳税所得额的计算：利息、股息、红利所得，偶然所得和其他所得，以每次收入额为应纳税所得额。

《中华人民共和国企业所得税法》

第一条　在中华人民共和国境内，企业和其他取得收入的组织（以下统称企业）为企业所得税的纳税人，依照本法的规定缴纳企业所得税。

个人独资企业、合伙企业不适用本法。

第四条　企业所得税的税率为25%。

《关于个人独资企业和合伙企业投资者征收个人所得税的规定》

第二条　本规定所称个人独资企业和合伙企业是指：

（一）依照《中华人民共和国个人独资企业法》和《中华人民共和国合伙企业法》登记成立的个人独资企业、合伙企业；

（二）依照《中华人民共和国私营企业暂行条例》登记成立的独资、合伙性质的私营企业；

（三）依照《中华人民共和国律师法》登记成立的合伙制律师事务所；

（四）经政府有关部门依照法律法规批准成立的负无限责任和无限连带责任的其他个人独资、个人合伙性质的机构或组织。

第三条　个人独资企业以投资者为纳税义务人，合伙企业以每一个合伙人为纳税义务人（以下简称投资者）。

第四条　个人独资企业和合伙企业（以下简称企业）每一纳税年度的收入总额减除成本、费用以及损失后的余额，作为投资者个人的生产经营所得，比照个人所得税法的“个体工商户的生产经营所得”应税项目，适用5%～35%的五级超额累进税率，计算征收个人所得税。

10. 如何通过降低工资收入、增加其他收入的方式进行合理节税?

案情简介

北京新海个人独资企业是大锅乡正中镇上最大的个人独资企业,有员工 60 名,2010 年度的总收入是 500 万元,除工资以外,可以扣除的成本、费用、税金和损失为 100 万元,而人均工资是在 4400 元/月,现在,新海公司希望能找到一种方法,减轻该公司的缴税金额,同时也为本公司的职工创造些福利,那么它们应该采取怎样的方法进行节税呢?

专家提示

个人独资企业和合伙企业为员工进行纳税筹划,增加其税后收入本身也会对企业的发展产生积极的影响。工资、薪金所得的个人所得税有免征的界限,企业可以充分利用这一点,当企业员工的工资、薪金所得超过这一免征税额时,企业可以考虑通过降低员工的名义工资,增加员工的其他收入方式进行税收的节省。而增加的方式有很多,比如增加各种不计入工资、薪金范围的补贴,提供免费的午餐、工作服。日常的生活用品等,也可以通过报销路费、餐费的方式来实现。总之,提高税前扣除金额和降低职工的名义工资,都可以给员工和企业带来好处。

根据个人所得税法规定,该企业人均需要缴纳个人所得税为:(4400－3500)×3%＝27(元/月)。该公司每年所代扣代缴的个人所得税约为:27×12×60＝19440(元)。员工每月税后的工资是 4373 元。同时,由于计算个人独资企业应纳税所得额的计税工资是 2000 元,该个人独资企业的应纳税所得额为:5000000－1000000－3500×60×12－2520000－24000＝1456000(元),应纳税额为:1456000×35%－14750＝494850(元)。该企业实际支出但无法进行税前扣除的工资支出为：(4400－3500)×12×60＝648000(元)。假设该企业不存在其他无法进行税前扣除的支出，则该企业的投资者实际税后所得为：5000000－1000000－4400×12×60－494850＝337150(元)。

为减轻企业员工和企业本身的税收负担，该公司可以通过降低名义工资的方式进行节税。意思是，将每名员工的工资降低至3500元/月，同时，每个月为员工报销900元的票据，包括员工回家，旅游的车票，购物的发票，吃饭、打车的发票等，并将这些发票分别打到公司的各类费用支出当中。对于员工来说，每个月既可以得到4400元的工资，还可以不用缴纳个人所得税，这实际上是增加了员工的收入。假设员工报销的费用都可以进行税前扣缴(由于各类费用支出具有一定的限额，因此，可能会有一些费用无法全部扣除，但是只要能根据企业的实际生产经营情况进行调整，基本上都是可以进行扣除的)，则该企业为员工支付的无法进行税前扣缴的648000元支出就可以全部扣除，这样，企业的应纳税所得额就变成：1456000－648000＝808000(元)，应纳税额就变成：808000×35%－14750＝268050(元)。

通过这样的节税措施，职工每人每个月多得到了收入，而且企业也减少了全年的个人所得税税额：337150－268050＝69100(元)。

法律依据

《财政部国家税务总局关于调整个体工商户个人独资企业和合伙企业个人所得税税前扣除标准有关问题的通知》

根据现行个人所得税法及其实施条例和相关政策规定，现将个体工商户、个人独资企业和合伙企业个人所得税税前扣除标准有关问题通知如下：

一、对个体工商户业主、个人独资企业和合伙企业投资者的生产经营所得依法计征个人所得税时，个体工商户业主、个人独资企业和合伙企业投资者本人的费用扣除标准统

一确定为24000元/年(2000元/月)。

《关于个人独资企业和合伙企业投资者征收个人所得税的规定》

第六条　凡实行查账征税办法的，生产经营所得比照《个体工商户个人所得税计税办法(试行)》(国税发〔1997〕43号)的规定确定。但下列项目的扣除依照本办法的规定执行:

(一)投资者的费用扣除标准，由各省、自治区、直辖市地方税务局参照个人所得税法“工资、薪金所得”项目的费用扣除标准确定，投资者的工资不得在税前扣除。

(二)企业从业人员的工资支出按标准在税前扣除，具体标准由各省自治区、直辖市地方税务局参照企业所得税计税工资标准确定。

(三)投资者及其家庭发生的生活费用不允许在税前扣除，投资者及其家庭发生的生活费用与企业生产经营费用混合在一起，并且难以划分的，全部视为投资者个人及其家庭发生的生活费用，不允许在税前扣除。

(四)企业生产经营和投资者及其家庭生活共用的固定资产，难以划分的，由主管税务机关根据企业的生产经营类型、规模等具体情况，核定准予在税前扣除的折旧费用的数额或比例。

(五)企业实际发生的工会经费、职工福利费、职工教育经费分别在其计税工资总额的2%、14%、1.5%的标准内据实扣除。

(六)企业每一纳税年度发生的广告和业务宣传费用不超过当年销售(营业)收入2%的部分，可据实扣除;超过部分可无限期向以后纳税年度结转。

(七)企业每一纳税年度发生的与其生产经营业务直接相关的业务招待费，在以下规定比例范围内，可据实扣除:全年销售(营业)收入净额在1500万元及其以下的，不超过销售(营业)收入净额的0.5%;全年销售(营业)收入净额超过1500万元的，不超过该部分的0.3%。

（八）企业计提的各种准备金不得扣除。

《中华人民共和国个人所得税法》第三条第二款　个人所得税的税率个体工商户的生产、经营所得和对企事业单位的承包经营、承租经营所得，适用百分之五至百分之三十五的超额累进税率。

（二）个体工商户的生产、经营所得和对企事业单位的承包经营、承租经营所得适用

级数	含税级距	税率(%)	速算扣除数	说明
1	不超过15000元的	5	0	1. 本表含税级距指每一纳税年度的收入总额，减除成本，费用以及损失的余额。 2. 含税级距适用于个体工商户的生产、经营所得和对企事业单位的承包经营承租经营所得。不含税级距适用，他人(单位)代付税款的承包经营、承租经营所得
2	超过15000元至30000元的部分	10	750	
3	超过30000元至60000元的部分	20	3750	
4	超过60000元至100000元的部分	30	9750	
5	超过100000元的部分	35	14750	

11. 如何以法律为依据进行节税工作？

案情简介

贵州是我国烟草主要的产区，贵阳市红河镇的红谷烟草公司是经国务院批准纳入计划的烟草生产企业，其主要生产的烟类为乙类卷烟。2010 年 1 月，该公司决定分配给职工价值 25 万元的烟草作为年终的福利。为了节税，公司的领导班子决定以白包卷烟的形式将烟草发放给职工。可是没有想到的是，该公司当月的应纳消费税税款比按乙类卷烟分配给职工应纳的消费税还要多。

专家提示

本案主要涉及节税方案以什么为依据的法律问题。

本案中，该烟草公司之所以应纳的消费税比预计的还要高出很多，这是因为，公司的领导人，并不了解我国有关卷烟的征税类别和不同种卷烟制品应当分别适用的税率的具体要求。公司领导人一味地认为白包卷烟的税率肯定比乙类卷烟的税率要低的概念是错误的。

根据我国的消费税税法的相关规定，凡是以烟叶为原料加工生产的产品，无论使用何种辅料，均属于“烟类”税目的征收对象，该征收税目下设有甲类卷烟、乙类卷烟、雪茄烟和烟丝四个类目。

（一）甲类卷烟。甲类卷烟是指每条（200 支）销售价格在 70 元（含 70 元）以上的卷烟。

不同包装规格卷烟的销售价格均按每条（200 支）折算。

（二）乙类卷烟。乙类卷烟是指每大箱（5 万支）销售价格在 780 元以下的卷烟。

不同包装规格卷烟的销售价格均按每大箱（5 万支）折算。

（三）雪茄烟。雪茄烟是指以晾烟为原料或者以晾晒烟和烤烟为原料，用烟叶或卷烟纸、烟草薄片作为烟支内包皮，再用烟叶作为烟支外包皮，经机器或者和手工卷制而成的烟草制品。

(四)烟丝。烟丝是指将烟叶切成丝状、粒状、片状、末状或其他形状，再加入辅料，经过发酵、储存，不经卷制即可供销售吸用的烟草制品。

法律虽然在明文中已经规定了上述几种烟草制品的种类，但是在实际生活当中的情况是非常复杂的，因此，税法还对以下几种情况做了补充规定：

(一)进口卷烟、白包卷烟、手工卷烟以及未经国务院批准纳入计划的企业和个人生产的卷烟，一律按照甲类卷烟50%税率征收。

(二)纳税人自产自用的卷烟应当按照纳税人生产的同牌号规格的卷烟销售价格确定征税类别和适用税率；没有同牌号规格卷烟销售价格的，一律按组成计税价格，依甲类卷烟的50%税率计算纳税。组成计税价格公式为：组成计税价格＝(材料成本＋利润)÷(1－50%)

(三)委托加工的卷烟按照受托方同牌号规格卷烟的征税类别和适用税率征税，没有同牌号规格的卷烟，一律按照组成计税价格，依照甲类卷烟50%的税率征税。组成计税价格的计算公式为：组成计税价格＝(材料成本＋加工费)÷(1－50%)

(四)卷烟由于接装过滤嘴，改变包装或者其他原因提高销售价格后，应按新的销售价格确定征税类别和适用税率。

(五)残次品卷烟应当按照同牌号规格正品卷烟的征税类别确定适用税率。

在本案中，白包卷烟虽然生产工艺是比乙类卷烟要低，但其却要使用较高的甲类卷烟50%的税率，该烟草公司的领导在不了解税法具体规定的情况下，自以为白包卷烟的生产工艺低，必然其适用的税率也会较低，但是，结果却出乎他们的意料，适得其反，反而造成了税收的不必要缴纳。在本案中，如果该烟草公司能够实事求是，以乙类卷烟分给本单位职工，那么其应缴的消费税税额应当是25×36%＝9(万元)。但是由于该烟草公司的弄虚作假行为，将乙类卷烟以白包卷烟分配给职工，结果依法应当依照甲类卷烟50%的税率征税，实际缴纳的消费税额为25×50%＝12.5(万元)。这样该公司多缴纳消费税3.5万元。

所以说，合法节税一定是建立在非常熟悉相关税法知识的基础上的，否则造成的结果可能比节税前损失的还要大。

法律依据

《国家税务总局关于调整烟类产品消费税政策的通知》

调整烟产品生产环节消费税政策

(一)调整卷烟生产环节消费税计税价格

新的卷烟生产环节消费税最低计税价格由国家税务总局核定并下达。

(二)调整卷烟生产环节(含进口)消费税的从价税税率。

1. 甲类卷烟,即每标准条(200支,下同)调拨价格在70元(不含增值税)以上(含70元)的卷烟,税率调整为56%。

2. 乙类卷烟,即每标准条调拨价格在70元(不含增值税)以下的卷烟,税率调整为36%。

卷烟的从量定额税率不变,即0.003/支。

(三)调整雪茄烟生产环节(含进口)消费税的从价税税率。

将雪茄烟生产环节的税率调整为36%。

《消费税若干具体问题的规定》

关于卷烟分类计税标准问题

1. 卷烟由于接装过滤嘴、改变包装或其他原因提高销售价格后,应按照新的销售价格确定征税类别和适用税率。

2. 纳税人自产自用的卷烟应当按照纳税人生产的同牌号规格的卷烟销售价格确定征税类别和适用税率。没有同牌号规格的卷烟销售价格的,一律按照甲类卷烟税率征税。

3. 委托加工的卷烟按照受托同牌号规格正品卷烟的,一律按照甲类卷烟税率征税。

4. 残次品卷烟应当按照受托同牌号规格正品卷烟的征税类别和适用税率。

5. 下列卷烟不分征税类别一律按照甲类卷烟税率征税:

(1)进口卷烟;

(2)白包卷烟;

(3)手工卷烟;

(4)未经国务院批准纳入计划的企业和个人生产的卷烟。

12. 乡镇运输企业怎样合法节税?

案情简介

哈尔滨市某镇上的升新钢制品加工厂与利达运输公司签订了一项货物运输合同。在合同中,两家单位约定:运输公司负责将加工厂中的一批钢制货物由哈尔滨运往荷兰的阿姆斯特丹市,总运费是60万元人民币。在实际的运输过程中,该运输公司先将货物运往俄罗斯的莫斯科市,再委托莫斯科的埃斯货运公司将货物运往荷兰的阿姆斯特丹,应支付运费24万元人民币。则哈尔滨市利达运输公司应纳的营业税额为(60—24)×3%=1.08(万元)。

为了减轻税收负担,哈尔滨市利达运输公司与莫斯科埃斯货运公司达成协议,支付其运费30万元,其中多付的6万元人民币在一个月内,由莫斯科埃斯货运公司通过其他形式返还利达运输公司。这样,哈尔滨市利达运输公司应纳的营业税额就变成了(60—30)×3%=0.9(万元),减少了0.18万元的应纳税额,达到了节税的目的。

专家提示

本案涉及的是运输企业利用对外承运部分进行合法节税的问题。

依照我国1993年颁布的《营业税暂行条例》的规定,运输企业自中华人民共和国境内运输旅客或货物出境,在境外改由其他运输企业承运旅客或货物时,应以全程费用减去付给境外承运企业的费用后的余额作为营业额。而2009年施行的《营业税暂行条例》规定,纳税人将承揽的运输业务分给其他单位或者个人的,以其取得的全部价款和价外费用扣除其支付给其他单位或者个人的运输费用后的余额为营业额,当然包括将货物运输出境的情况。

在对我国运输企业经营国际运输业务取得的收入征收营业

税时，对于运输途中，由于改由境外其他运输企业承运而支付的客货费用，可以从运输收入当中扣除，即以全程运费减去付给境外承运企业的运费后的余额作为营业额，缴纳营业税。

当然，为了达到节税的目的，我国一些运输企业往往通过国外合伙或者国内合伙的方式，扩大在国内外承运部分的费用，再通过其他各种形式将多付的费用返还回来，这样不但可以增加业务量，而且能非常好地达到减少营业税税额的目的，减轻了企业的纳税负担，一举多得。

法律依据

《中华人民共和国营业税暂行条例》

第五条　纳税人的营业额为纳税人提供应税劳务、转让无形资产或者销售不动产收取的全部价款和价外费用。但是，下列情形除外：

(一)纳税人将承揽的运输业务分给其他单位或者个人的，以其取得的全部价款和价外费用扣除其支付给其他单位或者个人的运输费用后的余额为营业额。

营业税税目税率表

税目	税率
一、交通运输业	3%
二、建筑业	3%
三、金融保险业	5%
四、邮电通信业	3%
五、文化体育业	3%
六、娱乐业	5%～20%
七、服务业	5%
八、转让无形资产	5%
九、销售不动产	5%

13. 如何利用支付方式来节税？

案情简介

高级机床设计工程师李先生，平时利用业余时间为某机床厂设计机床图纸，获得劳务报酬35000元。李先生跟该机床厂达成协议，让其以设计顾问的名义，将该份报酬分成10个月支付，平均每个月支付3500元。利用这样的支付方式，李先生在个人所得税的缴纳上节省了很多，具体如下：

如果是按照正常的情况，一次性付清所有的劳务报酬款项35000元，根据我国《个人所得税法》的规定，这次的劳务报酬属于一次性畸高的情况，要加成缴纳个人所得税。税法规定，对应纳税所得额超过20000元至50000元的部分，计算应纳税额后再按照应纳税额加征五成。那么李先生应当缴纳的个人所得税费用是：35000×(1－20％)×20％×(1＋50％)＝8400(元)。可见，正常缴纳个人所得税的纳税额是非常大的。

但是，如果采纳本案中李先生的意见，情况就会不同了。每个月分成3500元支付劳务报酬，每个月要缴纳的个人所得税额是：(3500－800)×20％＝540(元)，10个月下来，所要缴纳的个人所得税总额是5400元，远远小于一次性缴纳的数额。节省了税费3000元。

专家提示

本案涉及如何通过分次支付劳务报酬来节税的策略问题。

劳务报酬所得，是指个人从事设计、装潢、安装、制图、化验、测试、医疗、法律、会计、咨询、讲学、新闻、广播、翻译、审稿、书画、雕刻、影视、录音、录像、演出、表演、广告、展览、技术服务、介绍服务、经纪服务、代办服务以及其他劳务取得的所得。

根据我国《个人所得税法》的规定，劳务报酬所得适用比例税率，税率为20%。对劳务报酬所得一次收入畸高的，可以实行加成征收。劳务报酬所得，每次收入不超过4000元的，减除费用800元；4000元以上的，减除20%的费用，其余额为应纳税所得额。

本案中，高级机床设计工程师李先生为机床厂设计的机床图纸属于劳务报酬的范围，因此要适用20%的税率。

关于劳务报酬的应纳税所得的计算方式，根据个人所得税法的规定，李先生所得的35000元中，应纳税所得是：35000×(1－20%)＝28000(元)。再根据国务院颁布的《个人所得税实施条例》中的规定，根据税法第三条第四项所说的劳务报酬所得一次收入畸高，是指个人一次取得劳务报酬，其应纳税所得额超过2万元。对前款应纳税所得额超过2万元至5万元的部分，依照税法规定计算应纳税额后再按照应纳税额加征五成；超过5万元的部分，加征十成。李先生的应纳税所得是28000元，属于一次性收入畸高的，因此应当加成征收，适用的是20000～50000元的这一档，加成50%。因此，如果机床厂一次性支付其35000元，那么李先生缴纳个人所得税的税额就是：35000×(1－20%)×20%×(1＋50%)＝8400(元)，已经达到其收入的1/4了，可见，这个数额还是非常大的。

本案中，如果该机床厂分10次向李先生支付劳务报酬的话，那么根据有关规定，属于同一项目连续性收入的，以一个月内取得的收入为一次。则李先生每个月应缴纳的个人所得税额就变成了：(3500－800)×20%＝540(元)，10个月下来，所要缴纳的个人所得税总额是5400元，远远小于一次性缴纳的数额。节省了税费3000元。

纳税人取得收入申报纳税，如果一次性的收入畸高的，就要被课以较高的税率征收个人所得税，缴纳较多的税款。而在收入较低的月份也不能享受到税法带来的优惠，因此，作为纳税人，就必须学会利用税法的规定合理避税，即避免一次性支付较大的费用。

在本案中，李先生就是比较熟悉个人所得税法上的相关知识，知道他的这种情况可以利用按月分次的方式进行合理的节税，为自己减少沉重的税负，这种做法在法律上是可行的。

法律依据

《中华人民共和国个人所得税法》

第三条第四款　个人所得税的税率：劳务报酬所得，适用比例税率，税率为百分之二十。对劳务报酬所得一次收入畸高的，可以实行加成征收，具体办法由国务院规定。

第六条第四款　应纳税所得额的计算：劳务报酬所得、稿酬所得、特许权使用费所得、财产租赁所得，每次收入不超过四千元的，减除费用八百元；四千元以上的，减除百分之二十的费用，其余额为应纳税所得额。

《中华人民共和国个人所得税法实施条例》

第十一条　税法第三条第四项所说的劳务报酬所得一次收入畸高，是指个人一次取得劳务报酬，其应纳税所得额超过2万元。

对前款应纳税所得额超过2万元至5万元的部分，依照税法规定计算应纳税额后再按照应纳税额加征五成；超过5万元的部分，加征十成。

第二十一条　税法第六条第一款第四项、第六项所说的每次，按照以下方法确定：

劳务报酬所得，属于一次性收入的，以取得该项收入为一次；属于同一项目连续性收入的，以一个月内取得的收入为一次。

14. 如何选择恰当的捐赠方式，进行对税额的合理规避？

案情简介

孙先生是一家个人独资企业的投资人，2010 年度获得的总收入为 1000000 元（扣除成本、费用、损失以后）。孙先生本身是来自农村的孩子，因此，为了回报社会，也为了支持贫困地区的义务教育事业，他亲自到贫困地区捐资 200000 元兴建了教学楼，购买了很多教学设备。到了 2010 年年底的时候，孙先生要缴纳当年的个人所得税，请问，有没有什么方法能让孙先生少缴纳一些个人所得税？

专家提示

这是一个典型的利用捐赠的方式来进行合理节税的案例。

在本案中，虽然孙先生实际上是利用了自己公司的收入为贫困地区的孩子做了贡献，但是由于其并没有通过我国境内的社会团体、国家机关进行捐赠，而是直接将现金捐助给该贫困学校，因此，根据我国相关税法的规定，该 200000 元的捐赠是不能从应纳税额中扣除的，而是还要缴纳个人所得税。因此，2010 年度，孙先生所要缴纳的个人所得税税额是：$1000000 \times 35\% - 14750 = 335250$（元）

如果，孙先生熟知我国税法中有关捐赠这一块的优惠政策，通过我国境内的社会团体、国家机关进行捐赠，那么捐赠的款项就可以在应纳税额中进行抵扣。根据《财政部、国家税务总局关于教育税收政策的通知》的规定，关于营业税、增值税、所得税：纳税人通过中国境内非营利的社会团体、国家机关向教育事业的捐赠，准予在企业所得税和个人所得税前全额扣除。孙先生可以将其捐赠的 200000 元计算在其个人所得税前全额扣除。2010 年度，孙先生应当缴纳的个人所得税税额就变成了 $(1000000 - 200000) \times 35\% - 14750 = 265250$（元）。通过这样的一个过程，孙先生可以少缴纳个人所得税共计 70000 元。

国家为了鼓励个人为公益事业进行捐赠，采取了捐赠所得税税前扣除的优惠政策。纳税人只有严格按照税法的规定，即通过有资格接受公益捐赠的社会主体进行的公益性捐赠，而且捐赠的数额必须控制在法律限制的范围内，所捐赠的金额才能全部抵消。我国《个人所得税法实施条例》中明确规定："捐赠额未超过纳税义务人申报的应纳税所得额 30％的部分，可以从其应纳税所得额中扣除。"在本案中，1000000 元的 30％是 300000 元，而孙先生捐款的数额是 200000 元，在这个范围之内，因此，如果他通过公益组织或团体进行捐赠，那么是可以全部抵扣的。假设孙先生捐赠的数额大于国家规定，也可以采用将捐款分为两笔在不同的纳税年度中分别抵扣的方式进行合理避税。

法律依据

《财政部、国家税务总局关于教育税收政策的通知》

第一条第八款　关于营业税、增值税、所得税：纳税人通过中国境内非营利的社会团体、国家机关向教育事业的捐赠，准予在企业所得税和个人所得税前全额扣除。

《中华人民共和国个人所得税法》

第六条　应纳税所得额的计算：个人将其所得对教育事业和其他公益事业捐赠的部分，按照国务院有关规定从应纳税所得中扣除。

个人所得税法实施条例

第二十四条　税法第六条第二款所说的个人将其所得对教育事业和其他公益事业的捐赠，是指个人将其所得通过中国境内的社会团体、国家机关向教育和其他社会公益事业以及遭受严重自然灾害地区、贫困地区的捐赠。

捐赠额未超过纳税义务人申报的应纳税所得额 30％的部分，可以从其应纳税所得额中扣除。

15. 如何在承包集体企业中进行个人所得税的纳税规划?

案情简介

黄先生承包了一家具有法人资格的集体企业,根据承包的合同约定,承包以后,该企业的性质不变,黄先生每年向集体上缴承包费用100000元,其余的利润归黄先生所有。2010年度,该集体企业获得了税前收益200000元,黄先生在这年应当缴纳多少个人所得税?有什么方法能够让黄先生减少纳税负担?

专家提示

这是一个关于在承包集体企业中进行个人所得税的纳税规划的问题。

根据《国家税务总局关于个人对企事业单位实行承包经营、承租经营取得所得征税问题的通知》,该企业在工商登记仍然是企业,因此,应当首先缴纳企业所得税:200000×25%=50000(元)。因此减去企业所得税后的利润为200000−50000=150000(元)。扣除需要上缴的承包费用后,黄先生获得的承包收入为150000−100000=50000(元),应纳税额是(50000−2000×12)×10%−750=1850(元)。那么黄先生获得税后利润是50000−1850=48150(元)。

假设黄先生在事先进行了纳税筹划,承包后,将企业登记为个体工商户,假设经营的成果不变,那么,该个体工商户不用缴纳企业所得税。黄先生获得的税前所得是200000−100000=100000(元),按照个体工商户经营所得纳税,应纳税额为(100000−2000×12)×30%−9750=13050(元)。黄先生的税后所得就变成了100000−13050=86950(元)。经过税收筹划后,黄先生少缴纳的个人所得税是86950−48150=38800(元),效果是非常明显的。这是因为根据《国家税务总局关于个人对企事业单位实行承包经营、承租经营取得所得征税问题的通知》,企业实施个人承包、承租经营后,如果工商登记仍为企业的,不管其分配方式如何,均应先按照企业所得税的有关规定缴纳企业所得税。承包经营、承租经营者按照承包、承租经营合同规定取得所得的，依照个人所得税法缴纳个人所得税，具体为：①承包、承租人对企业经营成果不拥有所有权，仅是按合同规定取得一定所得的，其所得按工资、薪金项目征收个人所得税，计算办法按国家税务总局国税发〔1994〕089 号文执行。②承包、承租人按合同（协议）的规定只向出包、出租方交纳一定费用，企业经营成果归其所有并对其实行查账征收的，按照对企事业单位承包经营、承租经营所得项目，适用五级超额累进税率及有关规定征税。若企业实行个人承包、承租经营后，如工商登记改变为个体工商户的，应依照个体工商户的生产、经营所得项目计征个人所得税，不再征收企业所得税。因此，通过上述的规定，纳税人可以通过变换企业的形式，来降低税收负担。

法律依据

《国家税务总局关于个人对企事业单位实行承包经营、承租经营取得所得征税问题的通知》

二、对企业实行个人承包、承租经营后，如果工商登记仍为企业的，均应先按企业所得税的有关规定缴纳企业所得税；对不具备企业条件的，按照《通知》第一条规定："不管其分配方式如何，均应先按照企业所得税的有关规定缴纳企业所得税。"其具体征收办法，根据《中华人民共和国税收征收管理办法》第二十三条的规定，对承包承租者生产经营收入额按照税务机关在征收增值税、营业税时认定或核定的销售额为依据，暂比照同行业集体企业利润率，由各区、县地方税务局核定其征收率，计征企业所得税，明年待市局调查研究后，全市再统一明确征收办法。

三、对承包、承租经营者个人所得，按下列情况计算征收个人所得税。

1. 承包、承租人对企业经营成果不拥有所有权，仅是按合同规定取得一定所得的，其所得按工资、薪金项目征收个人所得税，计算办法按国家税务总局国税发〔1994〕089 号文执行。

2. 承包、承租人按合同(协议)的规定只向出包、出租方交纳一定费用，企业经营成果归其所有并对其实行查账征收的，按照对企事业单位承包经营、承租经营所得项目，适用五级超额累进税率及有关规定征税。

个体工商户的生产、经营所得和对企事业单位的承包经营、承租经营所得适用

级数	含税级距	税率(%)	速算扣除数	说明
1	不超过15000元的	5	0	1. 本表含税级距是指每一纳税年度的收入总额，减除成本，费用以及损失的余额。 2. 含税级距适用于个体工商户的生产、经营所得和对企事业单位的承包经营承租经营所得。不含税级距适用，他人(单位)代付税款的承包经营、承租经营所得
2	超过15000元到30000元的部分	10	750	
3	超过30000元至60000元的部分	20	3750	
4	超过60000元至100000元的部分	30	9750	
5	超过100000元的部分	35	14750	

16. 如何通过成为安置“四残”人员标准的福利企业进行税收减免？

案情介绍

福建省莆田市某镇的一个乡镇企业主要从事的是餐饮服务项目，在最初经营的时候，为解决当地居民的就业困难，该乡镇企业的经理招收了不少聋哑的当地居民，主要从事一些简单的加工工作和后勤工作，正因如此，该企业成为了民政福利企业，因此，企业在员工的福利和劳保等方面有着比较沉重的负担。后该企业的负责人向当地的税务专家进行咨询，清楚地认识到，自己的企业里现有员工150人，其中包括的聋哑员工有40人，占到了员工比例的26.7%，而国家规定如果企业安置的“四残”人员能达到企业生产人员的35%以上，那么该企业就可以享受税收减免的政策优惠。因此，该企业只要再招收13名聋哑人员就可以享受该减免规定。那么此时，企业的税收负担将会大大减轻。

专家提示

本案涉及的是利用税法中对企业招收“四残”人员的优惠政策，来进行合法节税的问题。

根据我国相关税法的规定，安置“四残”人员（盲、聋、哑及肢体残疾），进行生产工作，占到企业生产人员35%以上（包括35%）的民政福利企业属于营业税“服务业”税目范围内的业务可以暂免征收营业税。

在本案中，一方面，企业为了帮助乡镇发展，支持当地居民就业，招收“四残”人员，达到法律规定的额度，使企业达到能够享受优惠待遇的标准；另一方面，该企业从事的领域属于税法所规定的服务行业。这两点的同时存在，成功地降低了该企业的税收负担。

国家支持、鼓励企业接收残疾人员，让他们在力所能及的情况下，完成对社会的贡献，同时，这也是社会对残疾人员表示尊重的一种表现。因此，国家立法支持该种行为。企业在招工的同时，如果能仔细研究税法的某些条文，承担企业的社会责任，不单单能解决社会问题，给社会进步带来利处，更直接的影响就是有效减少自身的税负压力，为企业自身创收，也给企业创造一个良好的社会信誉和口碑，这是一举多得的事情。

法律依据

《安置四残人员标准的福利企业的减免》

1. 对民政部门举办的福利工厂和街道办的非中途转办的社会福利生产单位，凡安置四残人员占生产人员总数35%以上的，暂免征收所得税。凡安置四残人员占生产人员总数的比例超过10%未达到35%的，减半征收所得税。

2. 享受税收政策的“四残”人员的范围，包括盲、聋、哑和肢体残疾人员。

3. 享受税收减免政策的福利生产企业必须符合下列条件：

(1)具备国家规定的开办企业的条件；

(2)安置“四残”人员达到规定的比例；

(3)生产和经营项目符合国家产业政策，并适宜残疾人从事生产劳动或经营；

(4)每个残疾职工都具有适当的劳动岗位；

(5)有必要的适合残疾人生理状况的安全生产条件和劳动保护措施;

(6)有严格、完善的各项管理制度,并建立了“四表一册”(企业基本情况表、残疾职工工种安排表、企业职工工资表、利税分配使用报表、残疾职工名册)。

《国家税务总局关于民政福利企业征收流转税问题的通知》

第一条第二款(二)　安置“四残”人员占企业生产人员的35%以上(含35%)。

“四残”是指盲、聋、哑及肢体残疾。对只挂名不参加劳动的“四残”人员不得作为“四残”人员计算比例。

第二条具体的优惠政策:

(一)安置的“四残”人员占企业生产人员50%以上(含50%)的民政福利工业企业,其生产增值税应税货物,除本通知第三条列举的项目外,经税务机关审核后,可采取先征税后返还的办法,给予返还全部已纳增值税的照顾。返还办法是:民政福利工业企业在每一纳税期满10日内,如实进行纳税申请,并填开税票缴纳税款,由县级税务机关填开“收入退还书”,将已缴纳税款全部退还给纳税企业。

(二)安置的“四残”人员占企业生产人员35%以上,未达到50%的民政福利工业企业,其生产销售的增值税应税货物,除本通知第三条列举的项目外,如发生亏损,可给予部分或全部返还已征增值税照顾,具体比例的掌握以不亏损为限。返还办法是:企业应先按规定纳税,全年发生亏损的,年底向当地主管税务机关提出申请,由县级主管税务机关审批返还。

(三)安置的“四残”人员占企业生产人员35%以上(含35%)的民政福利企业,其经营属于营业税“服务业”税目范围内(广告业除外)的业务,免征营业税。

17. 选择哪种销售方式可以有效节税？

案情简介

某乡镇大型百货大楼是增值税的一般纳税人，购买货品的时候可以拿到增值税专用发票。2009年为庆祝“五一”劳动节，该百货大楼欲推出促销活动，营销部门给出了以下三种意见，作为活动当日的促销办法：第一种是购物满500元，即可赠送价值100元的商品（商品的成本是60元，均为含税价格）；第二种是购物满500元，即可返还100元的现金；第三种是商品直接打八折销售。假定该商场销售利润率为40%，销售额为500元的商品，其成本是300元，那么，如果消费者同样买500元钱的商品，商场选择哪种促销方式最合算呢？

专家提示

本案涉及的是折扣销售过程中的节税法律问题。

折扣销售是指销货方在销售货物或应税劳务时，因购货方购买数量较大等原因，而给予购货方的价格优惠。如购买1000件某种产品，可是给予10%的优惠，购买2000件某种商品，可以获得30%的价格优惠等。由于折扣是在现实销售中同时进行的，因此，税法规定，如果销售额和折扣额在同一张发票上分别注明，可以按折扣后的余额作为销售额计算增值税；如果将折扣额另开发票，无论其在财务上如何处理，均不得从销售额中减除折扣额。这样的规定，在实际操作中就给企业带来了节税的空间。

回归到本案中，如果该百货大楼采纳第一种方式进行促销，即购物满500元，即可赠送价值100元的商品，那么按照《增值税暂行条例》，应当视同销售，缴纳增值税。那么需要缴纳的增值税额为：

500÷(1+17%)×17%－300÷(1+17%)×17%＝29.1(元)

100÷(1+17%)×17%－60÷(1+17%)×17%＝5.81(元)

合计后所得的应缴增值税为：29.1＋5.81＝34.91(元)

如果采用第二种方案进行促销，即购物满500元，即可返还100元的现金。那么只要将销售额缴纳增值税，返还额不用缴纳。那么此时应纳增值税额为：

500÷(1+17%)×17%－300÷(1+17%)×17%＝29.1(元)

如果采取第三种方案，即商品直接打八折销售。那么价值500元的商品只要400元销售，其增值税税额为：

400÷(1+17%)×17%－300÷(1+17%)×17%＝14.5(元)

通过上面三种方式的计算，我们可以清楚地看出，如果采用第三种方案，消费者花一样的钱，商场可以缴纳最少的增值税。当然，企业在选择方案的同时，除了要考虑增值税的税额问题外，还要考虑其他的税额缴纳，比如，在赠送现金或者赠送礼品的时候，商场还要代缴个人所得税等，因此，在合理节税方面还是要进行综合考虑，全面分析，得出最优计划。

在实际操作中，企业还要注意以下几点：

第一，折扣销售不同于销售折扣。销售折扣，即现金折扣，是指企业采用赊销方式时，为鼓励购货方在信用期限内尽快付款而给予的销货折扣。而与之对立的折扣销售，是商业折扣，是指企业按照商品的零售价格开出发票，在此基础上给予买方一定比例的销货折扣。可以用简单方式理解，销售折扣，先销售发生后，为鼓励购货方在信用期限内尽快付款而给予的销货折扣。折扣销售，先折扣后销售，企业为促进销售而在商品标价上给予的扣除，后销售发生。销售折扣发生在销货之后，是一种融资性质的理财费用，因此，销售折扣是不能从销售额中扣除的。

第二，折扣销售仅限于货物价格的折扣，如果销货者将自产、委托加工和购买的货物用于实物折扣的，该实物款额不能从货物销售额中减除，且该实物应按增值税条例中的“视同销售货物”中的“赠送他人”计算征缴增值税。

法律依据

《中华人民共和国增值税暂行条例实施细则》

第四条　单位或者个体工商户的下列行为，视同销售货物：

（一）将货物交付其他单位或者个人代销；

（二）销售代销货物；

（三）设有两个以上机构并实行统一核算的纳税人，将货物从一个机构移送其他机构用于销售，但相关机构设在同一县（市）的除外；

（四）将自产或者委托加工的货物用于非增值税应税项目；

（五）将自产、委托加工的货物用于集体福利或者个人消费；

（六）将自产、委托加工或者购进的货物作为投资，提供给其他单位或者个体工商户；

（七）将自产、委托加工或者购进的货物分配给股东或者投资者；

（八）将自产、委托加工或者购进的货物无偿赠送其他单位或者个人。

18. 资源税中哪些可以进行合法减免？

案情简介

安和原油化工有限责任公司是一家主要经营原油开采的公司，该公司在华北油田、南海油田均有自己公司的钻井平台。2009 年 9 月，该公司生产原油 30 万吨(单位税额 20 元/吨)，其中 14 万吨已经销售，4 万吨待销售，6 万吨用于开采原油过程中的加热、修井等工作，还有 6 万吨用于自办油厂的加工。该油厂在进行账务处理的过程中，将用于开采原油过程中的加热、修井的油量定为 8 万吨，其目的就是想通过提高可以免税的油量，进行偷漏税款的行为。

于是，该厂就将应税数量核定为 18 万吨，并且以每吨 20 元的价格申报缴纳资源税入账。后经税务机关在核对时发现其偷漏税的行为，令其将应税数量重新核定为 26 万吨，并且补交 8 万吨的纳税额 8×20＝160(万元)，同时因其偷漏税行为，缴纳罚款 100 万元。

专家提示

本案涉及国家在资源税征管中的减免问题。

我国《资源税暂行条例》中，第七条明确规定了资源税收的减免项目，即有下列情形之一的，减征或者免征资源税：

(一)开采原油过程中用于加热、修井的原油，免税。

(二)纳税人开采或者生产应税产品过程中，因意外事故或者自然灾害等原因遭受重大损失的，由省、自治区、直辖市人民政府酌情决定减税或者免税。

(三)国务院规定的其他减税、免税项目。

在本案中,安和原油化工有限责任公司的原油开采中有符合国家规定的减免项目,本来是可以得到减免的,但是由于其想通过改变账本上的免税油数量来进行偷税漏税的行为,其行为已经违反了法律设定的初衷,因此,对本来应当免税的项目也不再进行免税,这是为什么最后补交的纳税额是160万元的原因。

国家支持资源开采企业的开采行为,为其提供减免税的政策,初衷是非常好的,在实际生活中也是起到了非常好的效果。作为纳税人,应当关注这些税收优惠政策,更应当正确利用这些政策造福自己的生活,而不是采用非法手段、旁门左道来做一些违法的活动。这些活动,一经查处,就会连本来应当享受的优惠政策都不能再享受,是得不偿失的。

因此,作为纳税义务人,我们首先应当学会依法纳税,在依法纳税的基础上,多学习相关法律,再进行合法的节税措施,这才是最正确、最明智的选择。

法律依据

《中华人民共和国资源税暂行条例》

第七条　有下列情形之一的,减征或者免征资源税:

(一)开采原油过程中用于加热、修井的原油,免税。

(二)纳税人开采或者生产应税产品过程中,因意外事故或者自然灾害等原因遭受重大损失的,由省、自治区、直辖市人民政府酌情决定减税或者免税。

(三)国务院规定的其他减税、免税项目。

第八条　纳税人的减税、免税项目，应当单独核算课税数量；未单独核算或者不能准确提供课税数量的，不予减税或者免税。

《财政部关于调整煤炭资源税定额的通知》

第三条　煤炭资源税的减税、免税，应严格按照财政部《关于对煤炭实行从量定额征收资源税的通知》的规定办理，并作如下补充规定：

1. 国家统配煤矿及省属国营煤矿之新投产矿井，从投产之日起，给予适当的减、免税照顾：(1)年生产能力在 30 万吨以下的(含 30 万吨)，第一年免征，第二年减半征收；(2)年生产能力在 30 万吨至 120 万吨的(含 120 万吨)，第一、二年免征，第三年减半征收；(3)年生产能力在 120 万吨以上的，第一、二、三年免征，第四年减半征收；(4)减免税期满后个别仍有困难的，按税收管理权限经审查批准后减税。

2. 对开采经国家煤炭主管部门批准报废矿井的边角残煤者，减半征收资源税。

3. 煤炭资源税的减免税权限，除另有规定外，纳税人因特殊情况需要减税、免税的，经当地税务机关审查核实后，一律报国家税务局审批。

4. 考虑到目前煤炭价格还没有完全理顺，部分统配矿按规定的税额纳税有一定的困难，决定对这些企业实行临时减税(具体减税额度见附表)，待煤炭调价后恢复征税。

19. 农用车辆的购置是否享有优惠减免政策？

案情简介

小张一家是河南省新乡市的农民，2010 年秋天，小张家承包的玉米地获得了大丰收，为了将玉米拿到城里去卖，小张家里急需要一辆车来运输。村子里的生产大队有专门的汽车租赁小组，为本大队的队员提供租车服务，价格是一辆农用三轮车 100 元/天。一辆农用三轮车的载重是 1000 斤，而农用三轮车的市场价是 6000 元。小张家里今年出产的玉米大约有 15000 斤，让小张犹豫不决的是，到底应该租辆农用三轮车，还是应当买一辆呢？

专家提示

本案主要涉及的是农用车辆购置是否享有减免政策的问题。

在本案中，小张家是承包的玉米地，可以看出，小张家里玉米产量较大，而且承包的时间较长，因此，使用农用三轮车到城里去卖必将是一个长期的事情。

如果，小张要租用大队提供的农用三轮车，那么 15000 斤的玉米要分十次运输到城中去卖，那么光运费就要 100×10＝1000(元)。

如果小张家里采取买一辆农用三轮车，虽然要花去 6000 元的买车费，但是买的车的使用年限较长，且每个季节产的作物都可以进行运输，而且，根据国家税务总局关于农用三轮车免征车辆购置税的通知，为促进农业生产发展，切实减轻农民负担，经国务院批准，自 2004 年 10 月 1 日起对农用三轮车免征车辆购置税。农用三轮车是指：柴油发动机，功率不大于 7.4kW，载重量不大于 500kg，最高车速不大于 40km/h 的三个车轮的机动车。现在农民购买农用三轮车不用缴纳车辆购置税，可以说，这是减轻农民负担非常可行的举措。恰好，小张所需要的这种农用三轮车就是国家规定可以免征车辆购置税的型号，载重量不大于1000斤。因此说，如果从长远利益来看，买一辆农用三轮车比租一辆要合适得多。

农民作为纳税主体，国家现在给予了非常多的优惠政策，目的就是要发展农村的经济，带动农村的发展，因此，农民应当学会把握合适的契机，凡事从长远角度考虑，寻找最适合自身发展的道路，使自己真正的富裕起来。

法律依据

《中华人民共和国车辆购置税暂行条例》

第九条　车辆购置税的免税、减税，按照下列规定执行：

（一）外国驻华使馆、领事馆和国际组织驻华机构及其外交人员自用的车辆，免税；

（二）中国人民解放军和中国人民武装警察部队列入军队武器装备订货计划的车辆，免税；

（三）设有固定装置的非运输车辆，免税；

（四）有国务院规定予以免税或者减税的其他情形的，按照规定免税或者减税。

《财政部国家税务总局关于农用三轮车免征车辆购置税的通知》

各省、自治区、直辖市、计划单列市财政厅（局）、国家税务局、交通厅（局、委），新疆生产建设兵团财务局，上海、天津市市政管理局：

为促进农业生产发展，切实减轻农民负担，经国务院批准，自2004年10月1日起对农用三轮车免征车辆购置税。农用三轮车是指：柴油发动机，功率不大于7.4kW，载重量不大于500kg，最高车速不大于40km/h的三个车轮的机动车。

请遵照执行。

20. 企业的兼营行为能带来税收优惠吗?

案情简介

漫顿酒店是一家新开业的国际型酒店,开在沿海旅游型城市青岛,主要面向的是外国来青岛观光旅游的客人。为了提供更加优质的服务,吸引更多的客人入住,也为了满足客人的要求,漫顿酒店在宾馆的一层设置了一个大规模的商品部,里面包括有进口商品、本地特产等诸多商品,琳琅满目,深受客人的喜爱。

2010 年 9 月,该宾馆提供住宿和餐饮服务获得了 680 万元的收入,经营商店获得的收入为 105 万元。但是,由于公司新成立,聘请的财务人员经验不足,对于这两种收入没有进行分别核算,而是将这两种收入一起核算了,最后在申报的时候,就全部收入到增值税的纳税额当中,结果增加了宾馆的税收负担。

专家提示

本案主要涉及的是利用兼营行为来节税的问题。

根据我国现行流转税制的规定,对所有货物销售及加工、修理修配行为一律征收增值税;对提供应税劳务、转让无形资产或销售不动产行为一律征收营业税。两税并立,就意味着某种行为,一旦被征收了增值税,就不用再征收营业税,反之亦然。而在实际的经营中,纳税人除了主营属于营业税征税范围的项目外,还兼营属于增值税征税范围的项目的,在税法上称为“兼营行为”。

回归到本案中,漫顿酒店经营的餐饮和住宿服务是属于营业税的征收范围之内的,而在商店里销售的商品应当属于增值税的纳税对象。可见，漫顿酒店的行为模式属于兼营的行为。

根据我国《营业税暂行条例实施细则》的相关规定，漫顿酒店因为没有分别核算应征的营业税的实际收入和应纳增值税的实际收入，所以必须将全部的收入缴纳增值税，此时应缴纳的增值税额为：(680＋105)×17％＝133.45(万元)。但是如果漫顿酒店的会计能将之前的错误改正，将应纳增值税和应纳营业税分开计算的话，那么需要交纳增值税的是105×17％＝17.85(万元)，需要交纳营业税的是680×5％＝34(万元)，两税合计是51.85万元，那么可以节税133.45－51.85＝81.6(万元)。真的是一笔不小的数字。这是因为，我国营业税暂行条例规定的服务业的营业税税率是5％，而增值税的税率是17％，相差12个百分点，而且，在本案中，漫顿酒店的主营业务是需要缴纳营业税的服务业，因此在数额上也是要比经营商店得到的收益多得多，所以，如果不能分开核算纳税的话，需要多缴纳许多税款。

法律依据

《中华人民共和国营业税暂行条例》

第三条　纳税人兼有不同税目的应当缴纳营业税的劳务(以下简称“应税劳务”)、转让无形资产或者销售不动产，应当分别核算不同税目的营业额、转让额、销售额(以下统称营业额)；未分别核算营业额的，从高适用税率。

《中华人民共和国增值税暂行条例实施细则》

第五条　一项销售行为如果既涉及货物又涉及非增值税应税劳务，为混合销售行为。除本细则第六条的规定外，从事货物的生产、批发或者零售的企业、企业性单位和个体工商户的混合销售行为，视为销售货物，应当缴纳增值税；其他单位和个人的混合销售行为，视为销售非增值税应税劳务，不缴纳增值税。

本条第一款所称非增值税应税劳务，是指属于应缴营业税的交通运输业、建筑业、金融保险业、邮电通信业、文化体育业、娱乐业、服务业税目征收范围的劳务。

本条第一款所称从事货物的生产、批发或者零售的企业、企业性单位和个体工商户，包括以从事货物的生产、批发或者零售为主，并兼营非增值税应税劳务的单位和个体工商户在内。

营业税税目税率表

税目	税率
一、交通运输业	3%
二、建筑业	3%
三、金融保险业	5%
四、邮电通信业	3%
五、文化体育业	3%
六、娱乐业	5%～20%
七、服务业	5%
八、转让无形资产	5%
九、销售不动产	5%

21. 在签订合同中如何进行合法节税?

案情简介

某县乡镇企业大地房地产开发公司有一项工程需要找到一家施工企业一同承建。通过公开招标的方式,蓝天建筑公司最后中标。于是大地公司就同蓝天公司签订了工程承包合同,合同的金额是500万元。另外,此次招标工作是由第三人红湖工程承包公司组织安排的,因此,大地公司还支付给红湖公司30万元的服务费用。此时红湖公司应纳营业税(适用的是服务业项目的税率)为:$30 \times 5\% = 1.5$(万元)。

若红湖公司进行了税务筹划,让大地公司直接和自己签订合同,合同的金额是530万元。然后红湖公司再把该项工程转包给蓝天公司。完工后,红湖公司再向蓝天公司支付工程款500万元。这样的话,红湖公司应缴纳的营业税(适用的是建筑业项目的税率)为:$(530-500) \times 3\% = 0.9$(万元)。通过这样的税收策划,红湖公司可以少缴纳营业税额6000元。

专家提示

本案涉及的是在营业税缴纳中,如何利用不同项目税率不同,来进行合法节税的问题。

营业税是对在我国境内提供应税劳务、转让无形资产或销售不动产的单位和个人,就其所取得的营业额征收的一种税。营业税属于流转税制中的一个主要税种。营业税的征税范围包括在我国境内提供应税劳务、转让无形资产和销售不动产的经营行为，涉及国民经济中第三产业这一广泛的领域。第三产业直接关系着城乡人民群众的日常生活，因而营业税的征税范围具有广泛性和普遍性。随着第三产业的不断发展，营业税的收入也将逐步增长。营业税的征税范围包括交通运输业、建筑业、金融保险业、邮电通信业、文化体育业、娱乐业、服务业、转让无形资产以及销售不动产九个部分。这九个部分的营业税税率是不同的。交通运输业、建筑业、邮电通信业和文化体育业的税率较低，为3%；金融保险业、服务业、销售不动产和转让无形资产的税率为5%；而娱乐业则适用5%～20%的浮动税率。

在具体的实践中，工程承包公司是否与建设单位签订承包合同，将适用不同的税率。具体来说，若承包公司与建设单位签订承包合同，就适用建筑业的税率，也就是3%；若不签订承包合同，则适用服务业的5%的税率。因此，在这种情况下，适用不同的税率，就可以进行纳税节省的策划。

根据国家税务总局关于印发《营业税问题解答(之一)的通知》第七条的规定，工程承包公司承包建筑安装工程业务，即工程承包公司与建设单位签订承包合同的建筑安装工程业务，无论其是否参与施工，均应按“建筑业”税目征收营业税。工程承包公司不与建设单位签订承包建筑安装工程合同，只是负责工程的组织协调业务，对工程承包公司的此项业务则为“服务业”税目征收营业税。这条规定就给工程承包公司创造了节税的机会。

根据《营业税暂行条例》第五条第三款“纳税人的营业额为纳税人提供应税劳务、转让无形资产或者销售不动产收取的全部价款和价外费用。但是，下列情形除外：纳税人将建筑工程分包给其他单位的，以其取得的全部价款和价外费用扣除其支付给其他单位的分包款后的余额为营业额”的规定，红湖公司应纳的营业税额为：(530－500)×3%＝0.9(万元)，有效节税6000元。

因此，从以上案例可以看出，在相同的税种中，因不同课税项目而有不同税率的，我们可以通过转换相类似的项目，而达到合理节税的目的，这样的行为是值得我们提倡的。

法律依据

国家税务总局关于印发《营业税问题解答（之一）的通知》

七、问：对工程承包公司承包的建筑安装工程按何税目征税？

答：根据营业税暂行条例第五条第（三）款“建筑业的总承包人将工程分包或转包给他人的，以工程的全部承包额减去付给分包人或者转包人的价款后的余额为营业额”的规定，工程承包公司承包建筑安装工程业务，即工程承包公司与建设单位签订承包合同的建筑安装工程业务，无论其是否参与施工，均应按“建筑业”税目征收营业税。工程承包公司不与建设单位签订承包建筑安装工程合同，只是负责工程的组织协调业务，对工程承包公司的此项业务则为“服务业”税目征收营业税。

《中华人民共和国营业税暂行条例》

第五条第三款　纳税人的营业额为纳税人提供应税劳务、转让无形资产或者销售不动产收取的全部价款和价外费用。但是，下列情形除外：纳税人将建筑工程分包给其他单位的，以其取得的全部价款和价外费用扣除其支付给其他单位的分包款后的余额为营业额。

22. 如何通过税种的转换来进行合法节税?

案情简介

顺丰机械厂是一家生产大型起重机械的乡级机械制造工厂，性质为一般纳税人，其每年的运费占到年产品销售额将近25%，数额非常大。该厂的方法就是销售产品后提供运输服务，因此无论是销售产品还是提供运输的收入，都是按照17%的增值税税率缴纳增值税的。

因为需要缴纳的增值税过高，该厂的领导班子决定成立一个运输公司，专门进行该厂产品销售的运输工作，独立核算，运输的费用由运输公司单独开发票结算。而运输公司需要缴纳的是营业税，税率是3%，这就使得以往过高的运输费用的税收负担由17%降低到了3%。仅此一项，该厂每年就能节省纳税额75万元。

专家提示

本案涉及的是如何利用不同税种，来进行节税的问题。

本案中，顺丰机械厂的销售行为既涉及货物销售还有提供运输服务，在这里，运输服务属于非应税劳务，因此，顺丰机械厂的行为属于混合销售行为。根据法律规定，应当对其征缴增值税。所以其非应税业务的运输业务也要一同征缴17%的增值税。这样的话，企业在无形中就加重了税收的负担。但是，如果顺丰机械厂成立了独立核算的运输公司，那么该运输公司的运输行为，根据我国《营业税暂行条例》的规定，只要缴纳营业税即可。而运输行业的营业税税率是3%，大大小于17%的增值税，这无疑降低了企业的运营成本，更加有利于企业的发展。因此说，顺丰机械厂的领导做出这样一个决定有利于厂子的发展，也是合理节税的明智表现。

法律依据

《中华人民共和国增值税暂行条例》

第一条　在中华人民共和国境内销售货物或者提供加工、修理修配劳务以及进口货物的单位和个人，为增值税的纳税人，应当依照本条例缴纳增值税。

第二条　增值税税率：

（一）纳税人销售或者进口货物，除本条第（二）项、第（三）项规定外，税率为17%。

（二）纳税人销售或者进口下列货物，税率为13%：

1. 粮食、食用植物油；

2. 自来水、暖气、冷气、热水、煤气、石油液化气、天然气、沼气、居民用煤炭制品；

3. 图书、报纸、杂志；

4. 饲料、化肥、农药、农机、农膜；

5. 国务院规定的其他货物。

（三）纳税人出口货物，税率为零；但是，国务院另有规定的除外。

（四）纳税人提供加工、修理修配劳务（以下称应税劳务），税率为17%。

税率的调整，由国务院决定。

第三条　纳税人兼营不同税率的货物或者应税劳务，应当分别核算不同税率货物或者应税劳务的销售额；未分别核算销售额的，从高适用税率。

营业税税目税率表

税目	税率
一、交通运输业	3％
二、建筑业	3％
三、金融保险业	5％
四、邮电通信业	3％
五、文化体育业	3％
六、娱乐业	5％～20％
七、服务业	5％
八、转让无形资产	5％
九、销售不动产	5％

23. 如何反复利用包装物来进行合理节税?

案情简介

河南省某乡镇企业轮胎厂,主要生产的是汽车用轮胎。近年来国内的轮胎市场竞争激烈,2010 年该厂为了提高自身的产品质量,拓宽新的消费市场,提高消费者的喜爱程度,厂领导决定尽可能降低成本,提高自身品牌的竞争力。2009 年 12 月,企业销售的轮胎数量是 3500 个,每个售价在 2500 元,在这 2500 元里包含有包装必需的包装物成本 350 元,该月轮胎厂的销售额为 3500×2500=875(万元),汽车轮胎的消费税税率是 10%,因此该月应纳的消费税税额为 875×10%=87.5(万元)。该厂的领导认为所要缴纳的消费税实在是太高,税收成本过高,不利于企业的发展,因此,厂中集思广益,找寻一个可以解决问题的方案。

专家提示

本案主要涉及的是如何利用重复使用包装来合理节税的问题。

在本案中,包装物的成本是 350 元,占到整个轮胎价格的 14%,而且包装物一旦完成了它的运输用途,在其他方面就没有实际用处了,如果一个包装物只能用一次的话,就会造成资源的过度浪费,而且也会造成企业的不必要支出,增加企业的运营成本。因此,该企业可以采取包装物不作价随同商品出售,而是采取先交纳押金的方式。这样做,有三个好处:首先,可以促使购货人及早退回包装物,使包装物再次使用,减少浪费、降低商品成本。其次,在商品的售价中可以扣除原来包装物的价格,降低售价,提高商品的竞争力。最后,也是最重要的一点,就是可以节税。一般,企业在包装物上会采取三种处理方式:第一种是连同应税消费品出售;第二种是收取租金;第三种是交纳押金。这三种情况在征税方面又有不同之处。先说第一种方式,连同应税消费品出售。根据我国税法的规定，应税消费品连同包装物出售的，该包装物无论是否单独作价，均应并入销售额中计算消费税。在本案中，该厂一开始就采取的是这种方式，因此缴纳了很高的消费税税额。第二种方式是收取租金，属于价外费用的一种，根据我国现行的税法规定，凡随同销售应税消费品由购买方收取的价外费用，无论其会计制度如何核算，均应并入消费额计算应纳税额。因此，采用该种方式还是要缴纳消费税税额，也不划算。第三种方式，就是收取押金的方式，根据我国税法规定，纳税人为销售货物而出租、出借包装物所收取的押金，单独记账核算的，不并入销售额征税。但对因逾期未收回的包装物不再退还的或者已收取的时间超过 12 个月的押金，应并入应税消费品的销售额，按照应税消费品的适用税率缴纳消费税。因此，只要不超过法律规定的一年的时间，包装物的押金是不用缴纳税款的。

在本案中，如果该轮胎厂采用单独收取包装物押金的方式，每个轮胎销售的价格是 2500－350(押金)＝2150(元)，那么，该月应纳的消费税为 2150×3500×10％＝75.25(万元)。可以节省消费税 12.25 万元。

法律依据

《中华人民共和国消费税暂行条例实施细则》

第十三条　应税消费品连同包装物销售的，无论包装物是否单独计价以及在会计上如何核算，均应并入应税消费品的销售额中缴纳消费税。如果包装物不作价随同产品销售，而是收取押金，此项押金则不应并入应税消费品的销售额中征税。但对因逾期未收回的包装物不再退还的或者已收取的时间超过 12 个月的押金，应并入应税消费品的销售额，按照应税消费品的适用税率缴纳消费税。

对既作价随同应税消费品销售，又另外收取押金的包装物的押金，凡纳税人在规定的期限内没有退还的，均应并入应税消费品的销售额，按照应税消费品的适用税率缴纳消费税。

四、税收管理

1. 企业亏损也要纳税申报吗?

案情简介

2009 年 5 月,税务机关在进行税务检查时发现,某企业上年未向税务机关申报企业所得税,当问及其原因时,该企业负责人说是由于上年度亏损了 10 万元。税务机关对其处以 2000 元罚款。该企业负责人表示不理解,认为企业没有实现利润为什么还要进行纳税申报,并就此向上级税务机关提出税务行政复议。

专家提示

亏损企业同样需要进行纳税申报。

首先,亏损企业作为纳税人,同样负有纳税申报义务。《税收征收管理法》第二十五条规定:“纳税人必须依照法律、行政法规或者税务机关依法确定的申报期限、申报内容如实办理纳税申报。”《企业所得税暂行条例》第十六条规定:“纳税人应当在月份或者季度终了后十五日内向其所在地主管税务机关报送会计报表和预缴所得税申报表;年度终了后四十五日内,向其所在地主管税务机关报送会计决算报表和所得税申报表。”上述法律、法规规定了纳税人的纳税申报义务,亏损企业作为纳税人,同样负有该项义务。

其次,纳税人计算的应纳税所得额是税法所得而非会计所得。《企业所得税暂行条例》第九条规定:“纳税人在计算应纳税所得额时,其财务、会计处理办法同国家有关税收的规定有抵触的,应当依照国家有关税收的规定计算纳税。”这意味着企业的应纳税所得额是以税务机关依照税法调整后的利润额。

再次,纳税亏损与纳税盈利都属纳税所得,具同等申报意义。《企业所得税暂行条例》第十一条规定:“纳税人发生年度亏损的,可以用下一纳税年度的所得弥补;下一纳税年度的所得不足弥补的,可以逐年延续弥补,但是延续弥补期最长不得超过五年。”同样,这里的纳税人年度亏损数额并非指纳税人自己核算的结果,是指经过税务机关调整后作为以后纳税年度弥补亏损依据的亏损额。纳税人只有申报了纳税亏损才能正确进行纳税申报。

从上述规定中可以得出,纳税人不论是盈是亏都应在法律规定申报期限内到主管税务机关办理纳税申报。

纳税人未按照规定期限办理纳税申报,税务机关责令其限期改正,对其处以 2000 元以下的罚款。《税收征收管理法》第六十二条规定:“纳税人未按照规定的期限办理纳税申报的,或者扣缴义务人未按照规定的期限向税务机关报送代扣代缴、代收代缴税款报告表的,由税务机关责令限期改正,可以处以二千元以下的罚款;情节严重的,可以处以二千元以上一万元以下的罚款。”

据此,该案中税务机关除责令该企业限期改正,可对该企业处以 2000 元以下的罚款。

法律依据

《中华人民共和国税收征收管理法》第二十五条规定:“纳税人必须依照法律、行政法规规定或者税务机关依照法律、行政法规的规定确定的申报期限、申报内容如实办理纳税申报,报送纳税申报表、财务会计报表以及税务机关根据实际需要要求纳税人报送的其他纳税资料。

扣缴义务人必须依照法律、行政法规规定或者税务机关依照法律、行政法规的规定确定的申报期限、申报内容如实报送代扣代缴、代收代缴税款报告表以及税务机关根据实际需要要求扣缴义务人报送的其他有关资料。”

《中华人民共和国税收征收管理法》第六十二条规定:“纳税人未按照规定的期限办理纳税申报和报送纳税资料的,或者扣缴义务人未按照规定的期限向税务机关报送代扣代缴、代收代缴税款报告表和有关资料的,由税务机关责令限期改正,可以处二千元以下的罚款;情节严重的,可以处二千元以上一万元以下的罚款。”

2. 承包人逃走，谁来缴税？

案情简介

某市天明汽车配件公司于2002年10月18日同个体工商户张某签订了一份关于承包天明汽车配件公司下属的小型客货两用车厂的合同。合同规定：个体工商户张某拥有小型客货两用车厂独立的生产权和经营权，在保证汽车配件公司安置的149名下岗职工月薪不低于300元，并按期为职工缴纳养老保险金的情况下，每年向天明汽车配件公司交纳6万元的承包费。其余，小型客货两用车厂的经营成果归张某所有。

合同签订后，张某于2002年10月28日正式生产，但一直未向税务机关办理税务登记，未申报纳税。2003年3月12日，该市国税局稽查局在对天明汽车配件公司进行税务检查时，才发现小型客货两用车厂已承包的事，遂向张某下达了《限期改正通知书》和《税务行政处罚事项告知书》，限其在10日内向国税机关申请办理税务登记，同时对其未按规定办理税务登记的行为拟处1000元的罚款。之后，稽查局又派人调阅了小型客货两用车厂的账簿和凭证，并于2003年3月18日向张某下达了《税务处理决定书》，决定对其自2002年10月开业以来至2003年2月的销售收入补征增值税13.2万元，限其在7日内缴清税款。2003年3月26日，当国税局稽查局的人再来向张某催缴税款时，发现张某已经不知去向，且其生产的产品也全部转走。国税局稽查局遂向天明汽车配件公司下达了《限期缴纳税款通知书》，以天明汽车配件公司未向税务机关报告张某承包经营的情况为由，要天明汽车配件公司代替张某补缴132万元的增值税款。

专家提示

《中华人民共和国税收征收管理法实施细则》第四十九条第一款规定:“承包人或者承租人有独立的生产经营权,在财务上独立核算,并定期向发包人或出租人上缴承包费或者租金的,承包人或承租人应当就其生产、经营收入和所得纳税,并接受税务管理。”因此,张某承包的小型客货两用车厂应当作为独立的纳税人单独办理税务登记,并就其生产、经营收入和所得向国税机关申报纳税。

而对于发包方的天明汽车配件公司来说,应当依照《税收征管法实施细则》第四十九条第二款的规定,自发包之日起 30 日内将承包人的有关情况向主管税务机关报告:不报告的,发包人或者出租人应当承担纳税连带责任。因此,在天明汽车配件公司没有向税务机关报告张某生产、经营的情况下,当张某走失,并逃避缴纳税款的情况下,国税局稽查局责成天明汽车配件公司承担连带责任,代替张某缴纳所要补缴的税款是有依据的、合法的。

法律依据

《中华人民共和国税收征收管理法实施细则》第四十九条规定:“承包人或者承租人有独立的生产经营权,在财务上独立核算,并定期向发包人或者出租人上缴承包费或者租金的,承包人或者承租人应当就其生产、经营收入和所得纳税,并接受税务管理;但是,法律、行政法规另有规定的除外。

发包人或者出租人应当自发包或者出租之日起 30 日内将承包人或者承租人的有关情况向主管税务机关报告。发包人或者出租人不报告的,发包人或者出租人与承包人或者承租人承担纳税。”

3. 税务登记证件能转借吗？

案情简介

2009年初，进城务工的刘某开了一家快餐店，并到主管地税机关办理了税务登记，月月按时申报纳税。由于没赚头，刘某于2009年8月将店铺转让给了一位朋友，并把税务登记证件同时转借给那位朋友。

2009年12月10日，主管地税机关找到刘某，下达了《限期改正通知书》和《税务行政处罚事项告知书》，要求刘某在三日内办理税务登记注销手续，并对其未按规定办理注销登记处以500元的罚款，同时又以刘某把税务登记证件转借他人为由，处以2000元的罚款。

专家提示

对税务登记的变更或者注销，《税收征管法》作了严格而具体的规定。其第十六条规定："从事生产、经营的纳税人，税务登记内容发生变化的，自工商行政管理机关办理变更登记之日起30日内或者在向工商行政管理机关申请办理注销登记之前，持有关证件向税务机关申报办理变更或者注销税务登记。"

对违反上述规定的，《税收征管法》第六十条规定了应承担的法律责任："对纳税人未按照规定的期限申报办理税务登记、变更或者注销登记的，由税务机关责令限期改正，可以处二千元以下的罚款；情节严重的，处二千元以上一万元以下的罚款。"

税务登记证在税收征管流程中，既可作为抽象性征税通知，又可作为税务许可证和权力证明书，具有不可替代的独特作用。因此，应当妥善保管，按照规定使用。

《实施细则》第20条对税务登记证件的使用作出了补充规定。不按照规定使用税务登记证件，例如没有将税务登记证件悬挂于生产、经营场所或者办公场所，不接受税务机关依法对税务登记证件进行的检查等。转借税务登记证件，是指纳税人采取有偿或者无偿的方式将自己的税务登记证件转让、出借给他人的行为；涂改税务登记证件，是指纳税人违法涂抹、更改税务登记证件上所载之事项的行为；损毁税务登记证件，是指纳税人损坏、毁坏税务登记证件的行为；买卖税务登记证件，是指纳税人以有偿方式将自己的税务登记证件出卖、让于他人的行为；伪造税务登记证件，是指冒充税务机关的名义，非法制作税务登记证件的行为。

《税收征管法》第六十条规定："纳税人未按照规定使用税务登记证件，或者转借、涂改、损毁、买卖、伪造税务登记证件的，处二千元以上一万元以下的罚款；情节严重的，处一万元以上五万元以下的罚款。"

由此可见，本案中主管地税机关对刘某的处理是正确的。

法律依据

《中华人民共和国税收征收管理法》第六十条规定："纳税人有下列行为之一的，由税务机关责令限期改正，可以处二千元以下的罚款；情节严重的，处二千元以上一万元以下的罚款：

（一）未按照规定的期限申报办理税务登记、变更或者注销登记的；

（二）未按照规定设置、保管账簿或者保管记账凭证和有关资料的；

（三）未按照规定将财务、会计制度或者财务、会计处理办法和会计核算软件报送税务机关备查的；

（四）未按照规定将其全部银行账号向税务机关报告的；

（五）未按照规定安装、使用税控装置，或者损毁或者擅自改动税控装置的。

纳税人不办理税务登记的，由税务机关责令限期改正；逾期不改正的，经税务机关提请，由工商行政管理机关吊销其营业执照。

纳税人未按照规定使用税务登记证件，或者转借、涂改、损毁、买卖、伪造税务登记证件的，处二千元以上一万元以下的罚款；情节严重的，处一万元以上五万元以下的罚款。”

根据《中华人民共和国税收征收管理法》第十八条：“纳税人按照国务院税务主管部门的规定使用税务登记证件。税务登记证件不得转借、涂改、损毁、买卖或者伪造。”

4. 如何办理停复业登记?

案情简介

2006年5月6日,个体快餐店老板陈某因店面装修,在缴清上个月应纳税款后,向当地主管税务机关依法办理了停业登记,申请停业一个月。而在6月13日税务管理人员巡查时,发现该业户已恢复营业,但并未向税务机关办理复业登记。遂依法对该业户处以50元的罚款。

专家提示

本案涉及如何办理停业与复业税务登记的法律问题。

根据我国《行政许可法》、《城乡个体工商户管理暂行条例》、《城乡个体工商户管理暂行条例实施细则》和《个体工商户登记程序规定》的有关规定,实行定期征税的个体工商户办理停复业应注意以下内容:

1. 什么情况下需办理停业、复业登记?

纳税人在营业执照核准的有效期内需要停业的或纳税人停业期限届满后或停业期内恢复生产经营的,需要办理停业、复业登记。

注:停业登记的对象仅限于实行"非查账征收"的纳税人。对实行"查账征收"的纳税人实行停业登记,该类纳税人在核定的申报纳税期间内,无经营收入或其他收入的,应进行纳税申报。

2. 办事程序:

(1)停业登记

A. 实行"非纳税征收"的纳税人。如连续30天以上无经营收入需办理停业登记的，可到上述“税务登记窗口”申请办理税务停业登记手续，领取并填写《停业登记申请表》一式两份。

B. 纳税人有领用发票和欠缴税款、罚款的，应缴销发票和清缴税款、罚款，清缴完毕后交回《税务登记证》正副本原件，领取《核准停业通知书》。

C. 纳税人停业时间原则上一次最长不得超过六个月，如需超过 6 个月的可在规定复业时间之前重新申请办理停业手续。

(2)复业登记

已办停业登记的纳税人在规定的停业期满或复业前的十个工作日内，应到上述“税务登记窗口”提出申请复业登记手续，领取并填写《复业登记报告表》一式两份，签名盖章后，征收所重新打印并发给《税务登记证》正、副本，纳税人按规定缴纳工本费。

3. 所需资料

(1)停业登记

A.《税务登记证》正、副本原件；

B. 应缴纳的发票(有领用发票的纳税人)；

C. 税务机关要求提供的其他资料。

(2)复业登记

A.《核准停业通知书》；

B. 税务机关要求提供的其他资料。

本案中，陈某一个月停业期未复业登记就恢复营业，而《国家税务总局关于完善税务登记管理若干问题的通知》(国税发(2006)(37)号文)规定：“纳税人停业期满未按期复业又不申请延长停业的，税务机关应当视为已恢复生产经营，实施正常的税收管理。纳税人停业期满不向税务机关申报办理复业登记而复业的，主管税务机关经查实，责令限期改正，并按照税收征管法第六十条第一款的规定处理。”《税收征管法》第六十条第一款规定：“由税务机关责令限期改正，可以处二千元以下的罚款；情节严重的，处二千元以上一万元以下的罚款。”

所以，税务机关作出的处罚应当是合法、有效的。

法律依据

《中华人民共和国税收征收管理法》第六十条："纳税人有下列行为之一的，由税务机关责令限期改正，可以处二千元以下的罚款；情节严重的，处二千元以上一万元以下的罚款：

（一）未按照规定的期限申报办理税务登记、变更或者注销登记的；

（二）未按照规定设置、保管账簿或者保管记账凭证和有关资料的；

（三）未按照规定将财务、会计制度或者财务、会计处理办法和会计核算软件报送税务机关备查的；

（四）未按照规定将其全部银行账号向税务机关报告的；

（五）未按照规定安装、使用税控装置，或者损毁或者擅自改动税控装置的。

纳税人不办理税务登记的，由税务机关责令限期改正；逾期不改正的，经税务机关提请，由工商行政管理机关吊销其营业执照。

纳税人未按照规定使用税务登记证件，或者转借、涂改、损毁、买卖、伪造税务登记证件的，处二千元以上一万元以下的罚款；情节严重的，处一万元以上五万元以下的罚款。"

《中华人民共和国税收征收管理法》第十六条："从事生产、经营的纳税人，税务登记内容发生变化的，自工商行政管理机关办理变更登记之日起三十日内或者在向工商行政管理机关申请办理注销登记之前，持有关证件向税务机关申报办理变更或者注销税务登记。"

5. 如何进行纳税申报？简易申报可以代替纳税申报吗？

案情简介

个体工商户张某2003年8月8日开业，当地税务机关依法核定其每月营业额为3000元，每月缴纳的增值税为120元；同时税务机关在通知书上详细注明：该定期定额户的纳税期限为一个月，当月的增值税款应在次月1～10日依法缴纳。然而，一直到9月10日，张某仍未依法缴纳税务机关核定的应纳税款。为此，税务机关在9月11日对张某下达了《责令限期改正通知书》。

但张某却认为税法明文规定，实行定期定额缴纳税款的纳税人可以实行简易申报，简易申报也就是不需要纳税申报，因此也就不存在逾期申报罚款问题，推迟几天纳税，大不了多缴几毛钱的滞纳金，所以迟迟不到税务机关缴纳税款。一直到9月20日，张某才缴纳了8月应缴的120元增值税。令他万万想不到的是，在履行了必要程序后，税务机关于9月23日对其作出了罚款1000元的行政处罚决定。

专家提示

本案的关键是，作为定期定额户的张某对《税收征管法实施细则》中关于简易申报的规定不十分理解，错误地认为自己每月缴税时不需要填写申报表，因此自己就不存在申报行为，税务机关也不应该对自己按未申报行为进行处罚。《税收征管法》第25条明确规定："纳税人必须依照法律、行政法规规定或者依据税务机关依照法律、行政法规的规定而确定的申报期限、申报内容如实办理纳税申报，报送纳税申报表、财务会计报表以及税务机关根据实际需要要求纳税人报送的其他纳税资料。”而这里的申报期限是指法律、行政法规规定或者税务机关依照法律、行政法规规定的纳税人向税务机关申报应纳税款的期限。申报期限因纳税人缴纳的税种和法律、行政法规确定的纳税期限的不同而不同。比如《增值税暂行条例》第 23 条规定，增值税纳税期限分别为 1 日、3 日、5 日、10 日、15 日或者一个月；纳税人以一个月为一期纳税的，自期满之日起 10 日内申报纳税；以 1 日、3 日、5 日、10 日、15 日为一期纳税的，自期满之日起 5 日内预缴税款，于次月 1～10 日内申报纳税并结清上月应纳税款。

由此可见，纳税申报是纳税人将发生的税款等事项向税务机关提出书面报告的一项税务管理制度，也是纳税人的一项法定义务。《税收征管法》第 62 条规定：“纳税人未按规定期限办理纳税申报和报送纳税资料的，由税务机关责令限期改正，可以处 2000 元以下的罚款；情节严重的，可以处 2000 元以上 10000 元以下的罚款。”

那么作为实行定期定额缴纳税款的纳税户，该如何进行纳税申报呢？有没有特殊的规定呢？《税收征管法实施细则》第 36 条对此作了具体规定：实行定期定额缴纳税款的纳税人，可以实行简易申报、简并征期等申报纳税方式。国家税务总局国税发[2003]47 号文也对此作了具体的解释：“实行定期定额缴纳税款的纳税人，可以实行简易申报、简并征期等申报纳税方式。”但这里的“简易申报”是指实行定期定额缴纳税款的纳税人在法律、行政法规规定的期限内或者税务机关依照法律、行政法规的规定确定的期限内缴纳税款的，税务机关可以视同申报。“简并征期”是指实行定期定额缴纳税款的纳税人，经税务机关批准，可以采取将纳税期限合并为按季、按半年、按一年的方式缴纳税款，具体期限由省级税务机关根据具体情况确定。

综上所述，实行定期定额缴纳税款的纳税人，可以实行简易申报，但不等于就不到税务机关进行申报。显然，根据税法规定，纳税人只有在依法缴清了税务机关给自己核定的应纳税款后，才算是进行了纳税申报，否则就等于没有依法履行纳税申报义务，仍然是一种未按规定期限纳税申报的行为。根据《税收征管法》第 62 条的规定，未按规定期限申报纳税是一种违反日常税收征管的违法行为，理应受到行政处罚。

法律依据

《中华人民共和国税收征收管理法》第二十五条："纳税人必须依照法律、行政法规规定或者税务机关依照法律、行政法规的规定确定的申报期限、申报内容如实办理纳税申报，报送纳税申报表、财务会计报表以及税务机关根据实际需要要求纳税人报送的其他纳税资料。

扣缴义务人必须依照法律、行政法规规定或者税务机关依照法律、行政法规的规定确定的申报期限、申报内容如实报送代扣代缴、代收代缴税款报告表以及税务机关根据实际需要要求扣缴义务人报送的其他有关资料。"

《中华人民共和国税收征收管理法》第六十二条："纳税人未按照规定的期限办理纳税申报和报送纳税资料的，或者扣缴义务人未按照规定的期限向税务机关报送代扣代缴、代收代缴税款报告表和有关资料的，由税务机关责令限期改正，可以处二千元以下的罚款；情节严重的，可以处二千元以上一万元以下的罚款。"

6. 哪种情况下可以申请延期缴税？

案情简介

某物流公司为客户运送一批重要贵重药品，由于夏季连下暴雨，在运输途中遇泥石流导致翻车，货物全毁，损失惨重，公司资金链一下子断裂。此时，又逢缴税的时间，该公司未能在税款限缴期限内缴纳税款。后该公司以遭遇自然灾害资金周转困难为由，向税务机关提出延期缴纳税款的申请，并报送有关资料。税务机关经审查后，作出不予批准，并从税款限缴期限届满次日起按日加收万分之五的滞纳金的处理决定。

专家提示

根据我国《税收征收管理法》第三十一条规定，纳税人因有特殊困难，不能按期缴纳税款的，经省、自治区、直辖市国家税务局、地方税务局批准，可以延期缴纳税款，但是最长不得超过三个月。这里所说的"特殊困难"一般是指：

（一）水、火、风暴、海潮、地震等人力不可抗拒的自然灾害；

（二）可供纳税的现金、支票以及其他财产等遭遇偷盗、抢劫等意外事故；

（三）国家调整经济政策的影响；

（四）短期货款拖欠。

如果符合延期缴纳税款条件，应当在缴纳税款期限届满前向主管税务机关提出申请，并报送下列材料：

1. 延期缴纳税款申请审批表；

2.当期货币资金余额情况及所有银行存款账户的对账单；

3.资产负债表；

4.应付职工工资和社会保险费等税务机关要求提供的支出预算。

税务机关应当自收到申请延期缴纳税款报告之日起20日内作出批准或者不予批准的决定；不予批准的，从缴纳税款期限届满之日起加收滞纳金。

本案中，纳税人某物流公司遭遇泥石流导致财务境况拮据，纳税资金无从落实，属于税法中规定可以申请延期缴税的情况。但是依据《征管法实施细则》第四十二条的规定，纳税人需要延期缴纳税款的，应该在缴纳税款期限届满前提出申请，并报送有关资料。但该物流公司提出申请已超过税务机关规定的税款限缴日期，所以该物流公司的延期缴税申请没有获得税务机关的批准，应该受到税务机关处罚。

法律依据

《中华人民共和国税收征收管理法》第三十一条："纳税人、扣缴义务人按照法律、行政法规规定或者税务机关依照法律、行政法规的规定确定的期限，缴纳或者解缴税款。

纳税人因有特殊困难，不能按期缴纳税款的，经省、自治区、直辖市国家税务局、地方税务局批准，可以延期缴纳税款，但是最长不得超过三个月。"

7. 纳税人延期申报后需补缴税款时，应如何缴滞纳金？

案情简介

个体工商户王某，在某市开了一家品牌饰品店。上个月由于经营状况不太好，加上老家母亲生病花去不少钱，因此就以暂时经济困难为由向税务机关申请了延期申报，并按税务机关的核定预缴了税款。延期结束后王某进行正常申报，经计算，王某还需要补交税款。那么，王某补缴的税款用不用加收滞纳金？如果多缴的话，税务机关退还时能不能计算退还利息？

专家提示

《税收征管法》第二十七条规定，纳税人、扣缴义务人不能按期办理纳税申报或者报送代扣代缴、代收代缴税款报告表的，经税务机关核准，可以延期申报。经核准延期办理前款规定的申报、报送事项的，应当在纳税期内按照上期实际缴纳的税额或者税务机关核定的税额预缴税款，并在核准的延期内办理税款结算。滞纳金的加收，主要适用《税收征管法》第三十二条规定的情形，即纳税人未按照规定期限缴纳税款的，扣缴义务人未按照规定期限解缴税款的，税务机关除责令限期缴纳外，从滞纳税款之日起，按日加收滞纳税款万分之五的滞纳金。

关于延期申报的滞纳金加收问题，《国家税务总局关于延期申报预缴税款滞纳金问题的批复》(国税函〔2007〕753 号)予以明确。《税收征管法》第二十七条规定，纳税人不能按期办理纳税申报的，经税务机关核准，可以延期申报，但要在纳税期内按照上期实际缴纳的税额或者税务机关核定的税额预缴税款，并在核准的延期内办理税款结算。预缴税款之后，按照规定期限办理税款结算的，不适用《税收征管法》第三十二条关于纳税人未按期缴纳税款而被加收滞纳金的规定。并且当预缴税额大于应纳税额时，税务机关结算退税但不向纳税人退还利息。当预缴税额小于应纳税额时，税务机关在纳税人结算补税时不加收滞纳金。所以，本案中王某补缴的税款不用加收滞纳金。

计算加收利息的情况适用《税收征管法》第五十一条规定的情况，纳税人超过应纳税额缴纳的税款，税务机关发现后应当立即退还；纳税人自结算缴纳税款之日起三年内发现的，可以向税务机关要求退还多缴的税款并加算银行同期存款利息，税务机关及时查实后应当立即退还；涉及从国库中退库的，依照法律、行政法规有关国库管理的规定退还。而核准预缴税款退回不计退利息。《国家税务总局关于延期申报预缴税款滞纳金问题的批复》（国税函〔2007〕753 号）规定，经核准预缴税款之后按照规定办理税款结算而补缴税款的各种情形，均不适用加收滞纳金的规定。在办理税款结算之前，预缴的税额可能大于或小于应纳税额。当预缴税额大于应纳税额时，税务机关结算退税但不向纳税人计退利息；当预缴税额小于应纳税额时，税务机关在纳税人结算补税时不加收滞纳金。另外，依法预缴税款形成的结算退税、出口退税和各种减免退税也不计退利息。所以，王某如果多缴税款，在结算退税时也不计退利息。

法律依据

《中华人民共和国税收征收管理法》第二十七条:"纳税人、扣缴义务人不能按期办理纳税申报或者报送代扣代缴、代收代缴税款报告表的,经税务机关核准,可以延期申报。

经核准延期办理前款规定的申报、报送事项的,应当在纳税期内按照上期实际缴纳的税额或者税务机关核定的税额预缴税款,并在核准的延期内办理税款结算。"

《中华人民共和国税收征收管理法》第五十一条:"纳税人超过应纳税额缴纳的税款,税务机关发现后应当立即退还;纳税人自结算缴纳税款之日起三年内发现的,可以向税务机关要求退还多缴的税款并加算银行同期存款利息,税务机关及时查实后应当立即退还;涉及从国库中退库的,依照法律、行政法规有关国库管理的规定退还。"

8. 多交的税款如何退回?

案情简介

刘某是一名个体户,在某市步行街开了一家婴幼儿服饰商店,生意十分红火。2009 年 12 月,刘某翻阅账簿时发现 2008 年 5 月结缴营业税款时,由于一时疏忽竟将应纳税所得额多算了 3850 元。于是刘某向税务机关提出给予退还税款并加算银行同期存款利息的请求。

专家提示

本案涉及税款征收过程中多缴税款退还的有关法律规定。

根据我国税法的规定,纳税人超过应纳税额缴纳的税款,税务机关发现后应当立即退还;纳税人自结算缴纳税款之日起三年内发现的,可以向税务机关要求退还多缴的税款并加算银行同期存款利息,税务机关及时查实后应当立即退还;涉及从国库中退库的,依照法律、行政法规有关国库管理的规定退还。

加算银行同期存款利息的多缴税款退税,不包括依法预缴税款形成的结算退税、出口退税和各种减免退税。

退税利息按照税务机关办理退税手续当天中国人民银行规定的活期存款利率计算。

税务机关发现纳税人多缴税款的,应当自发现之日起 10 日内办理退还手续;纳税人发现多缴税款,要求退还的,税务机关应当自接到纳税人退还申请之日起 30 日内查实并办理退还手续。

当纳税人既有应退税款又有欠缴税款的,税务机关可以将应退税款和利息先抵扣欠缴税款；抵扣后有余额的，退还纳税人。

本案中，刘某提出退还税款请求符合法律规定，但也可以选择抵缴。

刘某提出退税申请同时一并提供以下资料：

1.《退税申请表》。

2. 完税凭证等已缴税款证明原件、复印件。

3. 申报表原件、复印件。

4. 纳税人书面申请或其他说明材料。

法律依据

《中华人民共和国税收征管法》第二十八条："税务机关依照法律、行政法规的规定征收税款，不得违反法律、行政法规的规定开征、停征、多征、少征、提前征收、延缓征收或者摊派税款。

农业税应纳税额按照法律、行政法规的规定核定。"

《中华人民共和国税收征管法》第五十一条："纳税人超过应纳税额缴纳的税款，税务机关发现后应当立即退还；纳税人自结算缴纳税款之日起三年内发现的，可以向税务机关要求退还多缴的税款并加算银行同期存款利息，税务机关及时查实后应当立即退还；涉及从国库中退库的，依照法律、行政法规有关国库管理的规定退还。"

9. 个人所得税有哪些减免税项目?

案情简介

王某是一个残疾青年,高中毕业后自己办了一个小商店。由于勤奋努力,聪明好学,很快积累了一笔资金。他将积累资金的一部分用于商店再投资、余下部分投资于某效益好的高科技企业。年终除了商店所得,还可从所投资企业获得一部分股息,当税务人员向其投资所得部分征收个人所得税时,王某认为自己是残疾人,应该免征个人所得税,并因此与税务人员发生口角。

专家提示

本案涉及纳税人如何享受减免税的法律问题。

现行个人所得税的减免税规定,一是在个人所得税法中以法律条款形式确定;二是财政部和国家税务总局为适应我国国情及国际惯例以行政法规形式所作的若干补充规定。

残疾人个人取得的个体工商户生产经营所得可以减免个人所得税,但具体分为以下两种情况:

1. 个人从事经营取得的所得可减征 100%个人所得税,但对所得畸高的,即年所得额在 3 万～5 万元(含 5 万元)的,可减半征收个人所得税;年所得额在 5 万元以上的,不予减征个人所得税。

2. 因生产经营需要雇请 1～2 个帮手的,可减征 30%个人所得税;对雇请 3 个以上帮手的(含 3 个),不予减征个人所得税。

根据国家税务总局(关于明确残疾人所得免征个人所得税范围的批复)文件的有关规定,可以减征个人所得税的残疾、孤寡老人和烈属的所得仅限于劳动所得,具体所得项目为:工资、薪金所得;个体工商户的生产经营所得;对企事业单位的承包经营和承租经营所得;劳务报酬所得;稿酬所得;特许权使用费所得。不包括《个人所得税法》第 2 条所列举除上述所得的其他各项所得项目，如利息、股息、红利所得；财产租赁、转让所得；偶然所得和经国务院财政部确定征税的其他所得。因此，税务所人员向王某投资所得部分征收个人所得税是有法律依据的。

法律依据

《中华人民共和国个人所得税法》第四条："下列各项个人所得，免纳个人所得税：

一、省级人民政府、国务院部委和中国人民解放军军以上单位，以及外国组织、国际组织颁发的科学、教育、技术、文化、卫生、体育、环境保护等方面的奖金；

二、国债和国家发行的金融债券利息；

三、按照国家统一规定发给的补贴、津贴；

四、福利费、抚恤金、救济金；

五、保险赔款；

六、军人的转业费、复员费；

七、按照国家统一规定发给干部、职工的安家费、退职费、退休工资、离休工资、离休生活补助费；

八、依照我国有关法律规定应予免税的各国驻华使馆、领事馆的外交代表、领事官员和其他人员的所得；

九、中国政府参加的国际公约、签订的协议中规定免税的所得；

十、经国务院财政部门批准免税的所得。"

《中华人民共和国个人所得税法》第五条："有下列情形之一的，经批准可以减征个人所得税：

一、残疾、孤老人员和烈属的所得；

二、因严重自然灾害造成重大损失的；

三、其他经国务院财政部门批准减税的。"

10. 农民工是否需要缴纳个人所得税?

案情简介

小王是一名外出务工的农民，在一家私人建筑工程队打工，从事建筑作业。据包工头讲，工资要到工程结束时结算，而且扣5.8%的个人所得税。小王心中有了疑惑：农民工还需要缴纳个人所得税吗?

专家提示

根据《中华人民共和国个人所得税法》的规定，只要农民工取得的收入，属于个人所得税应税项目，且收入达到纳税标准的，与城镇居民一样，都应依法缴纳个人所得税。

现行税法采取分类税制模式，农民工取得收入的涉税问题主要有以下几种情况：一是农民工受雇于企事业单位并签订一定期限的劳动用工合同，由支付人在发放工资时，按工资薪金所得项目代扣代缴税款，以其实际收入扣除法定费用后，按5%～4.5%累计税率纳税。二是农民工在短期内提供劳动服务按“次”或按“月”取得劳务报酬，由支付人按“劳务报酬所得”项目扣缴税款，月收入或“次”收入低于4000元的，减去800元费用后再按20%税率纳税，月收入或“次”收入高于4000元的在扣除收入额的20%费用后，再按20%税率纳税(应纳税所得超过20000元实行加成征收)。三是农民工按照国家有关规定办理工商营业执照和税务登记证而从事个体经营活动，其取得的所得应按个体工商户的生产经营所得项目适用5%～3.5%的累进税率纳税。四是农民工因购买彩票中奖所得每次超过一万元的，按“偶然所得”项目，适用20%的比例税率纳税。

鉴于建筑业普遍未设立会计账簿，或者不能准确、完整地进行会计核算的情况，国家税务总局关于印发《建筑安装业个人所得税征收管理办法》的通知规定："主管税务机关可根据其工程规模，工程承包合同(协议)价款和工程完工进度等情况，核定其应纳税所得额或者应纳税额。"本案反映的问题，如果属于上述情况且工程承包人已经按主管税务机关核定的税额(含农民应缴纳的税款)缴纳了个人所得税的，农民工则不再需要缴纳个人所得税。否则，农民工要按照税法规定缴纳个人所得税。

法律依据

《中华人民共和国个人所得税法》第一条："在中国境内有住所，或者无住所而在境内居住满一年的个人，从中国境内和境外取得的所得，依照本法规定缴纳个人所得税。

在中国境内无住所又不在境内居住或者无住所而在境内居住不满一年的个人，从中国境内取得的所得，依照本法规定缴纳个人所得税。"

《建筑安装业个人所得税征收管理暂行办法》第三条："承包建筑安装业各项工程作业的承包人取得的所得，应区别不同情况计征个人所得税：经营成果归承包人个人所有的所得，或按照承包合同(协议)规定、将一部分经营成果留归承包人个人的所得，按对企事业单位的承包经营、承租经营所得项目征税；以其他分配方式取得的所得，按工资、薪金所得项目征税。

从事建筑安装业的个体工商户和未领取营业执照承揽建筑安装业工程作业的建筑安装队和个人，以及建筑安装企业实行个人承包后工商登记改变为个体经济性质的，其从事建筑安装业取得的收入应依照个体工商户的生产、经营所得项目计征个人所得税。

从事建筑安装业工程作业的其他人员取得的所得，分别按照工资、薪金所得项目和劳务报酬所得项目计征个人所得税。"

11. 免税项目也要纳税登记吗?

案情简介

2006年3月,某市国税局稽查局在集贸市场专项检查中发现,进城务工人员陈某开办了一个农机产品经销点,经营范围主要是农机产品。2005年11月,陈某认为农机产品是农业生产资料,可以享受国家免税照顾,所以他没有办理税务登记,更没有去税务机关申报纳税。他仅办理了工商营业执照,没有办理税务登记便开始挂牌营业。对此,市国税局稽查局认为,该纳税人不符合享受国家免征增值税的条件,于是作出了行政处理决定,对陈某下达了《核定应纳税款通知书》,责令其补缴自开业以来应纳的增值税1300元,并处罚款700元。

专家提示

本案中,焦点是纳税人陈某是否具备享受免税的条件,有没有资格享受国家规定的免税优惠。虽然,财政部、国家税务总局有关规定,对饲料、农膜、化肥、农药、农机、种子、种苗等农业生产资料免征增值税,但《税收征管法》第三十七条规定,对未按照规定办理税务登记的从事生产、经营的纳税人以及临时从事经营的纳税人,由税务机关核定其应纳税额,责令缴纳;不缴纳的,税务机关可以扣押其价值相当于应纳税款的商品、货物。扣押后缴纳应纳税款的,税务机关必须立即解除扣押,并归还所扣押的商品、货物;扣押后仍不缴纳应纳税款的,经县以上税务局(分局)局长批准,依法拍卖或者变卖所扣押的商品、货物,以拍卖或者变卖所得抵缴税款。

众所周知，依法办理税务登记是从事生产经营的纳税人应尽的义务。《税收征管法》第十五条明确规定，从事生产、经营的纳税人自领取营业执照之日起 30 日内，必须依法办理税务登记。所以不管纳税人经营的是免税商品还是应税商品，不按规定期限办理税务登记就是一种违反税收法规的行为。

作为纳税人，首先要依法办理税务登记，并向当地主管国税机关提出书面免税申请，领取并填写《纳税人减免税申请审批表》一式三份；同时应提供《营业执照》和《税务登记证》副本及复印件、居民身份证及复印件，以及主管国税机关要求提供的其他资料；然后由县以上国税机关进行审批。对于符合条件的，由主管国税机关对其下达《减免税批准通知书》，纳税人收到通知书后才可以享受减免税政策优惠；对于不符合减免税条件的纳税人，主管税务机关对其下达《不予减免税通知书》，纳税人应按规定依法向税务机关申报缴纳税款。

本案中，纳税人陈某由于未按照规定期限办理税务登记，没有依法履行减免税审批手续，丧失了国家规定的减免税优惠政策的条件，本应该享受优惠政策而没有资格享受。

法律依据

《中华人民共和国税收征收管理法》第三十七条：“对未按照规定办理税务登记的从事生产、经营的纳税人以及临时从事经营的纳税人，由税务机关核定其应纳税额，责令缴纳；不缴纳的，税务机关可以扣押其价值相当于应纳税款的商品、

货物。扣押后缴纳应纳税款的，税务机关必须立即解除扣押，并归还所扣押的商品、货物；扣押后仍不缴纳应纳税款的，经县以上税务局（分局）局长批准，依法拍卖或者变卖所扣押的商品、货物，以拍卖或者变卖所得抵缴税款。”

《中华人民共和国税收征收管理法》第十五条："企业，企业在外地设立的分支机构和从事生产、经营的场所，个体工商户和从事生产、经营的事业单位（以下统称从事生产、经营的纳税人）自领取营业执照之日起三十日内，持有关证件，向税务机关申报办理税务登记。税务机关应当自收到申报之日起三十日内审核并发给税务登记证件。

工商行政管理机关应当将办理登记注册、核发营业执照的情况，定期向税务机关通报。

本条第一款规定以外的纳税人办理税务登记和扣缴义务人办理扣缴税款登记的范围和办法，由国务院规定。”

12. 税收征管过程中纳税人如何保护自身的合法权益?

案情简介

2009年12月,某县国税局为了做好个体税收定额工作,根据税收法律、法规的有关规定,进行典型户调查。在调查时,税务人员复制了贾某等三户纳税人近半年的经营原始资料。根据调查,税务部门将所管辖的个体工商户分成三类六档,分别核定其应纳税额。在核定定额征求意见会上,有一部分个体工商业户认为核定的应纳税额过高,要求税务机关拿出依据。于是,税务局用贾某等三户纳税人的经营资料,说服到会的个体工商业户。后来,国税局又将贾某的经营资料提供给了地税局。

贾某得知国税局将其经营情况公开后,认为这种做法侵害了他的合法利益。第一,税务局公布了他的"流水账"等经营资料,而这些原始账册上记录着货物的进销差价和利润率等,如果这些"底牌"让消费者知道了,消费者在购货时把价位压到最低点,会给经营带来许多困难。第二,被公布的经营资料有具体的进货渠道、进货地点,这些"密件"让同行知道后,会影响他同别人竞争。第三,他的纳税定额高、纳税多,说明生意大,这样会招来众多竞争对手,造成经营困难。第四,有一部分纳税人认为这次定额调高,是因为他提供的资料,因而遭遇众多指责,给他带来精神打击。第五,国税局将他的经营情况等有关资料提供给地税局,泄露了他的经营秘密。

为了维护自己的权益,2010年1月,贾某将国税局告上法庭,请求法院判令税务局立即停止侵权行为,赔偿因泄露其经营秘密而造成的经济损失10万元;向原告公开赔礼道歉,消除影响;追究有关当事人的责任。

专家提示

这起案件，虽然最后以庭外和解，纳税人撤诉而告终。但是无疑，税务机关没有对纳税人的商业秘密给予足够的重视，从而侵犯了企业的合法权益。

在保护纳税人商业秘密方面，征管法有如下规定：纳税人、扣缴义务人有权要求税务机关为纳税人、扣缴义务人的情况保密。税务机关应当依法为纳税人、扣缴义务人的情况保密。需要注意的是，这里的保密，是指纳税人、扣缴义务人的商业秘密及个人隐私。纳税人、扣缴义务人的税收违法行为不属于保密范围。

除了要求保密权外，征管法还规定了纳税人具有如下权益：

知情权：纳税人、扣缴义务人有权向税务机关了解国家税收法律、行政法规的规定以及与纳税程序有关的情况。

申请减免退税权：纳税人依法享有申请减税、免税、退税的权利。

陈述申辩权：纳税人、扣缴义务人对税务机关所作出的决定，享有陈述权、申辩权；

提起行政复议和行政诉讼权：纳税人依法享有申请行政复议、提起行政诉讼。

请求国家赔偿权：由于税务机关的违法行为导致纳税人发生的损失，可以按照有关规定请求国家赔偿。

检举控告权：纳税人、扣缴义务人有权控告和检举税务机关、税务人员的违法违纪行为。

要求回避权：税务人员征收税款和查处税收违法案件时，如果与纳税人、扣缴义务人或者税收违法案件有利害关系的，纳税人可以要求其回避。

延期申报权:纳税人、扣缴义务人不能按期办理纳税申报或者报送代扣代缴、代收代缴税款报告表的,经税务机关核准,可以延期申报。

延期纳税权:纳税人遇到特殊困难,无法按期缴税,可以按照法定程序申请延期缴税。

索取凭证权:税务机关征收税款时,必须给纳税人开具完税凭证。扣缴义务人代扣代收税款时,纳税人要求扣缴义务人开具代扣、代收税款凭证的,扣缴义务人应当开具。

保障基本生存权:对个人及其所扶养家属维持生活必需的住房和用品,包括单价5000元以下的其他生活用品,税务机关不得行使税收保全措施和强制执行措施。

多缴税款申请退还权:纳税人超过应纳税额缴纳的税款,税务机关发现后应当立即退还;纳税人自结算缴纳税款之日起三年内发现的,可以向税务机关要求退还多缴的税款并加算银行同期存款利息,税务机关及时查实后应当立即退还。

拒绝违法检查权:税务机关派出的人员进行税务检查时,应当出示税务检查证和税务检查通知书,并有责任为被检查人保守秘密;未出示税务检查证和税务检查通知书的,被检查人有权拒绝检查。

委托税务代理权:纳税人、扣缴义务人可以委托税务代理人代为办理税务事宜。

除以上基本规定之外,征管法及其相关法规、规章在税务机关履行职责时的各种程序性规定,既约束了纳税人,同样也约束了税务机关,因此,很多条款同样也带有保护纳税人权益的目的。如为了防止税务机关滥用税收保全措施这一权力,税法规定了非常严格的执行程序,处处体现了对纳税人权益的保护。

法律依据

《中华人民共和国税收征收管理法》第一条:“为了加强税收征收管理,规范税收征收和缴纳行为,保障国家税收收入,保护纳税人的合法权益,促进经济和社会发展,制定本法。”

《中华人民共和国税收征收管理法》第八条:“纳税人、扣缴义务人有权向税务机关了解国家税收法律、行政法规的规定以及与纳税程序有关的情况。

纳税人、扣缴义务人有权要求税务机关为纳税人、扣缴义务人的情况保密。税务机关应当依法为纳税人、扣缴义务人的情况保密。

纳税人依法享有申请减税、免税、退税的权利。

纳税人、扣缴义务人对税务机关所作出的决定,享有陈述权、申辩权;依法享有申请行政复议、提起行政诉讼、请求国家赔偿等权利。

纳税人、扣缴义务人有权控告和检举税务机关、税务人员的违法违纪行为。”

13. 税务人员在执法过程中拥有哪些权利和义务?

案情简介

2010 年 6 月 15 日,某从事运输行业的个体户王某,让其在某县国税局稽查局工作的朋友张某帮助查询一下正在进行税务检查的某玻璃厂的存款情况。因玻璃厂一直以账上没钱为由拖欠王某的运费。张某遂经稽查局局长批准,持检查存款、账户许可证明,到玻璃厂开户银行查询了账户。发现其账户存有大量存款,张某还把这一情况告诉了王某,王某立即到玻璃厂要债。

专家提示

本案中,稽查人员张某查询玻璃厂存款账户的目的,是受朋友所托,按照《征管法》第五十四条规定,按一定程序查询从事生产经营的纳税人的银行存款账户是税务机关的税务检查权。

张某的查询行为是经稽查局局长批准的,超越权限。《征管法》第五十四条规定,应是“经县以上税务局(分局)局长批准”。

张某将玻璃厂的账户存款情况告诉朋友王某,违反了《征管法》第五十四条第六款规定的“税务机关查询所获得的资料,不得用于税收以外的用途”;也违反了《征管法》第八条第二款规定的“税务机关应当依法为纳税人、扣缴义务人的情况保密”。

税务人员在执法过程中拥有以下权利和义务:

(1)税务管理权。包括有权办理税务登记、审核纳税申报、管理有关发票事宜等。

(2)税收征收权。这是税务机关最基本的权力,包括有权依法征收税款和在法定权限范围内依法自行确定税收征管方式或时间、地点等。

(3)税收检查权。包括有权对纳税人的财务会计核算、发票使用和其他纳税情况、对纳税人的应税商品、货物或其他财产进行查验登记等。

(4)税务违法处理权。包括有权对违反税法的纳税人采取行政强制措施,以及对情节严重、触犯刑律的,移送有权机关依法追究其刑事责任。

(5)税收行政立法权。被授权的税务机关有权在授权范围内依照一定程序制定税收行政规章及其他规范性文件,作出行政解释等。

(6)代位权和撤销权。《税收征管法》为了保证税务机关及时、足额追回由于债务关系造成的、过去难以征收的税款,赋予了税务机关可以在特定情况下依法行使代位权和撤销权。

纳税人接受税务检查过程中拥有以下权利和义务:

(1)依法提出申请享受税收优惠的权利。

(2)依法请求税务机关退回多征税款的权利。

(3)依法提起税务行政复议和税务行政诉讼的权利。

(4)依法对税务人员的违法行为进行检举和控告的权利。

(5)因税务机关的行为违法或不当,致使纳税人合法权益遭受损害时,有依法请求得到赔偿的权利。

(6)向税务机关咨询税法及纳税程序的权利。

(7)要求税务机关为其保密的权利。

(8)对税务机关作出的决定有陈述和申辩的权利。

法律依据

《中华人民共和国税收征收管理法》第八条:"纳税人、扣缴义务人有权向税务机关了解国家税收法律、行政法规的规定以及与纳税程序有关的情况。

纳税人、扣缴义务人有权要求税务机关为纳税人、扣缴

义务人的情况保密。税务机关应当依法为纳税人、扣缴义务人的情况保密。

纳税人依法享有申请减税、免税、退税的权利。

纳税人、扣缴义务人对税务机关作出的决定，享有陈述权、申辩权；依法享有申请行政复议、提起行政诉讼、请求国家赔偿等权利。

纳税人、扣缴义务人有权控告和检举税务机关、税务人员的违法违纪行为。”

《中华人民共和国税收征收管理法》第五十四条：“税务机关有权进行下列税务检查：

（一）检查纳税人的账簿、记账凭证、报表和有关资料，检查扣缴义务人代扣代缴、代收代缴税款账簿、记账凭证和有关资料。

（二）到纳税人的生产、经营场所和货物存放地检查纳税人应纳税的商品、货物或者其他财产，检查扣缴义务人与代扣代缴、代收代缴税款有关的经营情况。

（三）责成纳税人、扣缴义务人提供与纳税或者代扣代缴、代收代缴税款有关的文件、证明材料和有关资料。

（四）询问纳税人、扣缴义务人与纳税或者代扣代缴、代收代缴税款有关的问题和情况。

（五）到车站、码头、机场、邮政企业及其分支机构检查纳税人托运、邮寄应纳税商品、货物或者其他财产的有关单据、凭证和有关资料。

（六）经县以上税务局（分局）局长批准，凭全国统一格式的检查存款账户许可证明，查询从事生产、经营的纳税人、扣缴义务人在银行或者其他金融机构的存款账户。税务机关在调查税收违法案件时，经设区的市、自治州以上税务局（分局）局长批准，可以查询案件涉嫌人员的储蓄存款。税务机关查询所获得的资料，不得用于税收以外的用途。”

14. 税务管理中如何采取税务保全措施?

案情简介

2010年7月4日,某县级国家税务局某集贸税务所了解到辖区内经销新鲜水果的个体工商业户李某打算在月末收摊回农村老家,并存在逃避缴纳7月份税款1200元的可能。李某系定期定额征收业户,依法应于每月10日前缴纳上月税款。7月5日,该税务所向李某下达了限7月31日前缴纳7月份税款1200元的通知。7月27日,该税务所发现李某正联系货车准备将货物运走,于是,当天以该税务所的名义,由所长签发向李某下达了扣押文书,由本所税务人员刘某带两名协税人员,将李某价值约1200元的新鲜水果扣押存放在某仓库里。7月31日11时,李某到税务所缴纳了7月份税款1200元,并要求税务所返还扣押的水果,因存放水果的仓库的保管员不在,未能当时返还。8月2日15时,税务所将扣押的水果返还给李某。李某收到水果后,发现部分水果已经腐烂,损失水果价值约500元。李某向税务所提出赔偿请求,税务所以扣押时未开箱查验为由不予受理。

专家提示

税收保全措施是为确保国家税款不受侵犯而由税务机关采取的行政保护手段。税收保全措施通常是在纳税人法定的缴款期限之前作出的税收行政行为。税收强制执行措施是指税务机关在采取一般税收行政管理措施无效的情况下,为了维护税法的严肃性和国家依法征税的权力所采取的税收强制手段,是税收强制性的具体表现。

税务机关采取税收保全措施的前提是有根据认为纳税人有逃避纳税义务行为，并且不能提供税务机关责成的纳税担保。在这里，纳税担保是税务机关对由于纳税人的行为或者某种客观因素造成的应征税款不能得到有效保证或难以保证的情况下，所采取的确保税收收入的措施。包括由纳税人提供并经税务机关认可的纳税担保人，以及纳税人所拥有的未设置抵押权的财产。具体地讲，纳税担保形式可分为货币担保、财产担保和纳税人担保三种。

本案中税务所采取税收保全措施时存在以下过错：

违反法定程序。根据《税收征管法》第 38 条，实施税收保全措施的程序是责令限期缴纳在先，纳税担保居中，税收保全措施在后。该所未要求李某提供纳税担保，直接进行扣押货物，违反了法定程序。

超越法定权限。根据《税收征管法》，采取税收保全措施应经县以上税务局(分局)局长批准，该所向李某下达扣押货物文书未经局长批准。

执法不当。根据《税收征管法实施细则》，税务机关执行查封、扣押商品、货物或者其他财产时，必须由两名以上税务人员执行。本案中只有税务人员刘某。协税人员不能代替税务人员执法。扣押水果时未对水果进行查验，并由执行人与被执行人对水果现状进行确认，登记填制《扣押商品、货物、财产专用收据》。

解除税收保全措施超时。根据《国家税务总局关于贯彻税收征管法及其实施细则若干问题的规定》，税务机关采取税收保全措施后，纳税人在规定的期限缴纳税款的，税务机关应当在收到税款或银行转回的缴款书后 24 小时内解除税收保全。该税务所在收到李某缴纳税款后 52 小时才返还扣押商品，违反规定。

法律依据

《中华人民共和国税收征收管理法》第三十八条:“税务机关有根据认为从事生产、经营的纳税人有逃避纳税义务行为的,可以在规定的纳税期之前,责令限期缴纳应纳税款;在限期内发现纳税人有明显的转移、隐匿其应纳税的商品、货物以及其他财产或者应纳税的收入的迹象的,税务机关可以责成纳税人提供纳税担保。如果纳税人不能提供纳税担保,经县以上税务局(分局)局长批准,税务机关可以采取下列税收保全措施:

(一)书面通知纳税人开户银行或者其他金融机构冻结纳税人的金额相当于应纳税款的存款;

(二)扣押、查封纳税人的价值相当于应纳税款的商品、货物或者其他财产。

纳税人在前款规定的限期内缴纳税款的,税务机关必须立即解除税收保全措施;限期期满仍未缴纳税款的,经县以上税务局(分局)局长批准,税务机关可以书面通知纳税人开户银行或者其他金融机构从其冻结的存款中扣缴税款,或者依法拍卖或者变卖所扣押、查封的商品、货物或者其他财产,以拍卖或者变卖所得抵缴税款。

个人及其所扶养家属维持生活必需的住房和用品,不在税收保全措施的范围之内。”

15. 在什么情况下构成抗税罪？

案情简介

2005年5月，王某开办了个体酒厂，从1994年6月5日开始酿造白酒，至2010年8月共酿造白酒18535公斤，应纳税款9316元，但王某5年内仅纳税934元，尚有8382元税款未交。1999年9月5日，税务检查组到酒厂要求王某补缴所欠税款时，他却说："我这几年没有煮酒，交什么税，要钱没有，要命有一条！"税务检查组当即宣布"将酒作税款抵押"。税务人员刚推出2桶酒时，王某便手持杀猪刀威胁说："你们敢收我的酒，我就对你们不客气！"后来在当地派出所的协助下，才查封了王某的7桶酒。

专家提示

王某的行为属于抗税行为。本案中，王某先是未按税法规定的时间及时全面履行纳税义务，此时其行为属于欠税行为；后在税务检查组上门要求其补缴税款时，他仍然不主动配合税务执法，当税务检查组宣布"将酒作税款抵押"后，他采取持杀猪刀威胁的手段，阻止税务工作人员执行"查封白酒"的税收保全措施，公然抗拒税收法律，拒不缴纳税款。根据《税收征管法》第六十七条的规定，王某的行为已符合抗税行为的要件，而且王某的抗税情节比较严重，已构成抗税罪。税务机关除追补税款、加收滞纳金并处以罚款外，应依法移交司法机关，以追究其刑事责任。

根据《刑法》第202条的规定，法院可对王某处以3年以下的有期徒刑，并处拒缴税款1～5倍的罚金。

法律依据

《中华人民共和国刑法》第六十七条："以暴力、威胁方法拒不缴纳税款的，是抗税，除由税务机关追缴其拒缴的税款、滞纳金外，依法追究刑事责任。情节轻微，未构成犯罪的，由税务机关追缴其拒缴的税款、滞纳金，并处拒缴税款一倍以上五倍以下的罚款。"

《刑法》第二百零二条："以暴力、威胁方法拒不缴纳税款的，处三年以下有期徒刑或者拘役，并处拒缴税款一倍以上五倍以下罚金；情节严重的，处三年以上七年以下有期徒刑，并处拒缴税款一倍以上五倍以下罚金。"

16. 在什么情况下不构成抗税罪?

案情简介

2006 年 10 月,农民刘某在经营原木时因逃避纳税,被该税务所税务人员查获。刘某为达到不缴税的目的,便求助于其邻居赵某说情,赵某主动提出:“这事包在我身上,你就说原木是我的。”当天下午,赵某酒后气势汹汹地找到正在执行税收检查任务的税务人员说:“这是我自己的木头,纳什么税?”并口出秽语,对税务人员骂个不停,边骂边和税务人员纠缠,致使税务检查工作无法进行。税务所副所长周某出面劝阻,赵某不但不听,反而朝周某胸部和头部各打一拳,被周围的群众拉开后,赵某仍不罢休,又先后两次拿起砖头企图伤害税务人员,均被人制止。为避免事态扩大,税务人员劝赵某到税务所说明情况,赵某在税务所内,仍坚持说原木是他自己的。当税务人员拿出《税收征收管理法》让其学习时,他将书扔到地上说:“这个我懂,别拿这个吓唬人。”并同税务人员大吵大闹,时间长达 3 个多小时,造成近百名群众围观,致使刘某的原木税款无法征收入库,严重干扰了税收工作秩序。

专家分析

本案中,赵某为了帮助刘某逃避缴纳税款,殴打、漫骂、侮辱税务人员,严重干扰了国家税收工作的正常秩序,阻碍了税务人员依法执行职务,致使应收缴的税款无法收缴入库,其行为构成妨害公务罪,不构成抗税罪。

理由如下：

(1)赵某侵犯的客体是国家税收管理秩序。依照《刑法》第277条的规定，妨害公务罪是指以暴力、威胁方法阻碍国家工作人员依法执行职务的行为。在本案中，当刘某请赵某说情时，赵某编造谎言，并采取殴打、谩骂、侮辱税务人员的手段，来阻碍税务人员依法收缴刘某的税款。赵某的行为严重干扰了国家税收工作秩序，阻碍了税务人员依法执行职务。其行为完全符合妨害公务罪的构成要件。

(2)赵某不构成抗税罪。首先，从犯罪主体看，赵某不是纳税义务人。依照《刑法》第202条的规定，抗税罪在客观方面表现为以暴力、威胁方法拒不缴纳税款的行为。本案中，赵某虽然对税务人员采取了暴力手段，并谩骂、侮辱税务人员，但赵某并不是纳税人，故其不能单独构成抗税罪。其次，赵某也不能成为抗税的共犯。本案中纳税义务人刘某既没有抗税故意，也没有实施抗税行为，他只是想请赵某帮他说情，对赵某侮辱、谩骂、殴打税务人员的行为刘某事先并不知道，所以说，刘某不构成抗税罪，赵某也谈不上抗税共犯。

法律依据

《中华人民共和国刑法》第二百零二条："以暴力、威胁方法拒不缴纳税款的，处三年以下有期徒刑或者拘役，并处拒缴税款一倍以上五倍以下罚金；情节严重的，处三年以上七年以下有期徒刑，并处拒缴税款一倍以上五倍以下罚金。"

17. 在什么情况下构成逃避追缴欠税罪？

案情简介

陈某于2000年2月开办了一家粮油加工厂。他在3月10日申报缴纳了2月份的税款8000多元后，觉得自己忙忙碌碌苦干了一个月还要缴纳8000多元税款，很不合算，于是指使办税人员于4月10日申报3月份的税款时，随意申报3000元了事。

之后，他干脆指使办税人员申报应纳税额为0，不再缴纳各种税款。2001年6月，主管税务机关通过对该加工厂进行稽查，核实该加工厂拖欠税款共12万多元，并发现陈某有故意拖欠税款的行为，于是责令其限期改正。但陈某借口加工厂效益不好，无钱交税。在这种情况下，税务机关在2001年7月对其采取强制执行措施。但陈某已将加工厂价值20多万元的加工设备全部转移，账号内的款项也已经全部提走，所欠税款无法追缴。

陈某的上述行为，已构成逃避追缴欠税罪。

专家提示

本案主要涉及逃避追缴欠税罪的法律问题

构成逃避追缴欠税罪，应当同时具备以下四个条件：

（1）有欠税的事实存在，即当事人没有按照规定的期限纳税，这是构成逃避追缴欠税罪的前提。

（2）当事人为了不缴纳欠缴的税款实施了转移或隐匿财产的行为。

（3）由于行为人转移或隐匿财产致使税务机关无法追缴到其

欠缴的税款。所谓无法追缴，是指税务机关充分采用了法律赋予的所有手段后，仍追缴不到。如果当事人虽然转移或隐匿了财产，但税务机关通过采取措施追缴了税款，当事人就不构成逃避追缴欠税罪。

(4)税务机关无法追缴的欠税数额达到1万元以上。

本案中，陈某不但存在欠缴应纳税款的事实，而且有转移财产的手段，致使税务机关无法追缴欠缴的税款，其主观故意和客观行为十分明显，情节严重，已构成逃避追缴欠税罪。

法律依据

《中华人民共和国税收征收管理法》第六十五条规定："纳税人欠缴应纳税款，采取转移或者隐匿财产的手段，妨碍税务机关追缴欠缴的税款的，由税务机关追缴欠缴的税款、滞纳金，并处欠缴税款百分之五十以上五倍以下的罚款；构成犯罪的，依法追究刑事责任。"

《中华人民共和国刑法》第二百零三条【逃避追缴欠税罪】 纳税人欠缴应纳税款，采取转移或者隐匿财产的手段，致使税务机关无法追缴欠缴的税款，数额在一万元以上不满十万元的，处三年以下有期徒刑或者拘役，并处或者单处欠缴税款一倍以上五倍以下罚金；数额在十万元以上的，处三年以上七年以下有期徒刑，并处欠缴税款一倍以上五倍以下罚金。

18. 在什么情况下构成逃避缴纳税款罪?

案情简介

2010年6月,小敏找到成安律师,称她因涉嫌逃税10万余元被提起公诉,将可能面临牢狱之灾。小敏向律师坦陈,她曾是成都某电子公司的法定代表人,2001年,为节省开支,她伙同会计以“鸳鸯”发票的形式,为8家单位开具43份发票,并以记账联上填写的人民币5794元的金额向税务机关申报纳税。案发后,经鉴定机构鉴定,公司2001~2003年少缴税金共计为人民币101579.14元。成都市国税局对此稽查立案,并于2005年4月将案件移送至公安机关。2007年2月,小敏公司被成都市工商行政管理局吊销营业执照。事实上,此案案发后,小敏意识到事态的严重,积极采取了补救措施:2009年5月,小敏向税务局补缴增值税人民币94933.77元,缴纳滞纳金人民币92228.16元。在案件审理期间,小敏又主动向法院补缴了余欠税金6645.33元,却一直未收到行政处罚通知。

2010年7月,该案提起公诉,最终,法院依法判决其罪名成立,免予刑事处罚。

专家提示

本案主要涉及构成逃避缴纳税款罪的法律问题。

逃避缴纳税款罪是纳税人明知道自己的行为会发生不缴或少缴纳税款的结果,并且希望或者放任这种结果的发生。《刑法》第二百零一条规定:“纳税人采取欺骗、隐瞒手段进行虚假纳税申报或者不申报，逃避缴纳税款数额较大并且占应纳税额百分之十以上的，处三年以下有期徒刑或者拘役，并处罚金；数额巨大并且占应纳税额百分之三十以上的，处三年以上七年以下有期徒刑，并处罚金。”

“有第一款行为，经税务机关依法下达追缴通知后，补缴应纳税款，缴纳滞纳金，已受行政处罚的，不予追究刑事责任；但是，五年内因逃避缴纳税款受过刑事处罚或者被税务机关给予二次以上行政处罚的除外。”

一、“数额较大”的认定。一方面由税务机关或司法部门根据实践中的具体情况作出操作性规定；另一方面要正确认识条文中的百分比。逃避缴纳税款数额占应纳税额的百分比，是指一个纳税年度中的各税种逃税总额与该纳税年度应纳税总额的比例。不按纳税年度确定纳税期的其他纳税人，逃税数额占应纳税总额的百分比，应按照行为人最后一次逃税行为发生之日前一年中各税种逃税总额与该年纳税总额的比例确定。纳税义务存续期间不足一个纳税年度的，逃税数额占应纳税额的百分比，按照各税种逃税总额与实际发生纳税义务期间应当缴纳税款总额的比例确定。逃税行为跨越若干个纳税年度，只要其中一个纳税年度的逃税数额及百分比达到《刑法》的规定，即构成逃避缴纳税款罪。各纳税年度的逃税数额应当累计计算，逃税百分比应当按照最高的百分比确定。

二、有条件的初犯免责机制。对于因符合免责条件而免予追究刑事责任的纳税人，事实上已构成了犯罪，只不过在某些条件下，可以免了追究其刑事责任，这也是罪刑法定主义在《刑法》中的体现。该规定意味着初次触犯逃避缴纳税款罪的纳税人在补缴税款并接受处罚后可以获得免责，但纳税人不能因此而不承担履行缴纳税款的责任和义务。

所谓偷税，是指纳税人采取伪造、变造、隐匿、擅自销毁账簿、记账凭证，在账簿上多列支出或不列、少列收入，或者进行虚假的纳税申报的手段，不缴或少缴税款的行为。

本案中，某电子公司蓄意进行虚假的纳税申报的手段，少缴应纳税款的行为显然构成偷税的特征。该电子公司少缴税金“数额巨大”，应追究该公司法定代表人小敏的刑事责任。但是在被提起公诉之前被告人小敏已如数缴纳增值税和滞纳金，而一直未收到行政处罚通知并非小敏的责任，所以不予追究刑事责任。

法律依据

《刑法》第二百零一条：“纳税人采取欺骗、隐瞒手段进行虚假纳税申报或者不申报，逃避缴纳税款数额较大并且占应纳税额百分之十以上的，处三年以下有期徒刑或者拘役，并处罚金；数额巨大并且占应纳税额百分之三十以上的，处三年以上七年以下有期徒刑，并处罚金。

扣缴义务人采取前款所列手段，不缴或者少缴已扣、已收税款，数额较大的，依照前款的规定处罚。

对多次实施前两款行为，未经处理的，按照累计数额计算。

有第一款行为，经税务机关依法下达追缴通知后，补缴应纳税款，缴纳滞纳金，已受行政处罚的，不予追究刑事责任；但是，五年内因逃避缴纳税款受过刑事处罚或者被税务机关给予二次以上行政处罚的除外。”

19. 在什么情况下构成骗取出口退税罪?

案情简介

2006 年 8 月,某市国税局稽查局接到省国税局稽查局转来的一起骗税案线索,初步分析后意识到这触及了税收最为敏感的退税领域,而且是有货物出口但采取低值高报骗取出口退税,手法隐匿,性质恶劣,案情重大。办案人员立即向省国税局稽查局和市国税局领导汇报,同时提请市公安经侦支队提前介入,迅速组成专案组。

经查,1999～2003 年 9 月,"公司"出口劳保手套 6000 万双,报关金额 6402 万美元,与国外客户的实际成交价为 2473 万美元,高报出口 3929 万美元,指使 49 户生产厂家虚开增值税专用发票 1707 份,金额 15210 万元,税款 2585 万元,价税合计 17796 万元,骗取出口退税总值 5469 万元,该市国税局作出对"公司"已取得骗取出口退税款 1305 万元进行追缴,处以 2 倍罚款 2610 万元的处理决定,采取税收强制执行措施将"公司"离岸账户存款 240 万美元追缴入库,拟追缴外贸公司已退税款 1043 万元,外贸公司未退税款 1506 万元不予退税,其余骗税款已由各地税务机关陆续追缴并处理,公安机关批捕涉案人员 8 人,其中该公司法人代表已由该市检察院以涉嫌虚开增值税专用发票罪和骗取出口退税罪向该市中级人民法院提起公诉,等待他的将是法律的严厉制裁。

专家分析

本案反映了一种新型的骗取出口退税形式,在有真实的货物出口的情况下,虚构出口货物的价格,以低报高出口。"公司"通过国外接单、国内下单、向外贸公司买单、虚抬单价高报出口、压低数量抬高单价虚开专用发票、将压低开票数量部分的货物通过有进出口经营权的生产厂家直接高报出口等一系列操作，魔术般地将货值虚抬至三倍骗取国家出口退税款。

从表面上看，“公司”并未直接从国家取得出口退税款，但退税款通过外贸企业付给生产企业，又从生产企业回流到其手中，或直接从有进出口经营权的生产厂家取得骗税款分成，因此从整个案件的后果看，“公司”是骗取出口退税的直接操纵者和骗税款的最大得利者。

骗取出口退税是一种严重的犯罪，其后果主要有：一是造成税款流失，使国家蒙受经济损失。二是严重扰乱了正常的经济秩序，给其他合法的出口企业造成损失。骗取出口退税的犯罪分子将所骗取的退税款作为自己的利润，将出口货物的价格压低到正常价格之下，与其他合法的出口企业争夺国外客户，使其处于不公平的竞争状态。三是滋生虚开发票的市场。骗取出口退税必然伴随着虚开发票，为了取得退税款，犯罪分子必然要指使生产企业虚构出口商品的货名、数量、单价等要素，以低报高虚开增值税专用发票，同时生产企业为保持较低的税负率必然要取得虚开的进项发票进行抵扣，从而形成虚开发票的恶性循环和需方市场，这也是虚开发票之所以屡禁不止的一个原因。

对于增值税专用发票的使用和管理，当然不仅仅是涉及虚开的问题。我国税法有以下明确的规定：

(1)不准私自印制专用发票；

(2)不准向个人或税务机关以外的单位买取专用发票；

(3)不准借用他人专用发票；

(4)不准向他人提供专用发票；

(5)应按规定开具专用发票；

(6)应按规定保管专用发票；

(7)应按规定申报专用发票的购、用、存情况；

(8)应按规定接受税务机关检查。

纳税人在日常经济生活中应严格按上述规定办事。凡利用增值税专用发票谋取不法利益的做法都是触及刑法的行为。

法律依据

《中华人民共和国刑法》第二百零五条:“虚开增值税专用发票或者虚开用于骗取出口退税、抵扣税款的其他发票的,处三年以下有期徒刑或者拘役,并处二万元以上二十万元以下罚金;虚开的税款数额较大或者有其他严重情节的,处三年以上十年以下有期徒刑,并处五万元以上五十万元以下罚金;虚开的税款数额巨大或者有其他特别严重情节的,处十年以上有期徒刑或者无期徒刑,并处五万元以上五十万元以下罚金或者没收财产。

单位犯本条规定之罪的,对单位判处罚金,并对其直接负责的主管人员和其他直接责任人员,处三年以下有期徒刑或者拘役;虚开的税款数额较大或者有其他严重情节的,处三年以上十年以下有期徒刑;虚开的税款数额巨大或者有其他特别严重情节的,处十年以上有期徒刑或者无期徒刑。

虚开增值税专用发票或者虚开用于骗取出口退税、抵扣税款的其他发票,是指有为他人虚开、为自己虚开、让他人为自己虚开、介绍他人虚开行为之一的。”

《中华人民共和国刑法》第二百零五条之一:“虚开本法第二百零五条规定以外的其他发票,情节严重的,处二年以下有期徒刑、拘役或者管制,并处罚金;情节特别严重的,处二年以上七年以下有期徒刑,并处罚金。

单位犯前款罪的,对单位判处罚金,并对其直接负责的主管人员和其他直接责任人员,依照前款的规定处罚。”

《中华人民共和国税收征管法》第六十六条:“以假报出口或者其他欺骗手段,骗取国家出口退税款,由税务机关追缴其骗取的退税款,并处骗取税款一倍以上五倍以下的罚款;构成犯罪的,依法追究刑事责任。”

20. 税务人员徇私舞弊不征、少征税款将受到什么处罚?

案情简介

2006年7月～2008年5月,某市花木园林工程个体户陈某以某花木园林集团有限公司和某花木园林绿化工程有限公司的名义,先后与某生活置业有限公司签订了多份景观工程项目合同,总计标的2700余万元。后某花木园林集团有限公司和某花木园林绿化工程有限公司未按相关税法规定开具建筑业统一发票,而是先后违规开具2500余万元免税农业产品销售发票与某生活置业有限公司结算工程款。

2008年7～8月,姚某在担任此市某区地方税务局一分局分局长,兼某生活置业有限公司税收管理员期间,发现某花木园林集团有限公司和某花木园林绿化工程有限公司违规开具免税农业产品销售发票与生活置业有限公司结算工程款逃税的事实后,接受他人说情,徇私舞弊,不征应征税款共计人民币161余万元,致使国家税收遭受特别重大损失。

专家提示

本案涉及税务执法人员在征收税款过程中的权利和义务的法律问题。

《税收征管法》第9条第2款规定:“税务机关、税务人员必须秉公执法,忠于职守,礼貌待人,文明服务,尊重和保护纳税人、扣缴义务人的权利,依法接受监督。税务人员不得索贿受贿、徇私舞弊、玩忽职守、不征或者少征应征税款;不得滥用职权多征税款或者故意刁难纳税人和扣缴义务人。”

为确保公正执法,国家税务总局制定了税务人员廉洁自律若干规定，即《税务人员十五不准》，要求：税务人员不准接受纳税户宴请和擅自参加纳税人邀请的各种庆典以及外出考察、参观等活动。不准接受纳税户的礼金、礼品和有价证券。不准到下属单位和其他企业、事业单位报销应由个人支付的各种费用。不准利用职权向纳税户借钱、借物和无偿占用其财物。不准收取回扣、中介费、好处费。不准享受纳税户的福利待遇。不准利用本人及家庭成员婚丧嫁娶以及工作调动、过生日、迁新居等机会大操大办，挥霍浪费，或借机敛财。不准违反规定及借用公款建私房，不准利用职权多占住房和用公款超标准装修住房。不准拖欠公款。不准为家属、亲友及他人的有关纳税事项说情。不准违反规定买卖股票。不准接受下级单位的礼金和有价证券，不准把单位用公款办理的信用卡归个人使用。不准用公款获取各种形式的俱乐部会员资格。不准参加用公款支付的营业性歌厅、舞厅、夜总会等高消费的娱乐活动。不准经商办企业及在纳税户中入股分红。不准在各类经济实体中兼职（包括名誉职务），个别经批准兼职的，不得收取任何报酬。

徇私舞弊不征、少征税款罪，是指税务机关的工作人员徇私舞弊，不征或者少征应征税款，情节严重，致使国家税收遭受重大损失的行为。重大损失有额度上的规定，根据最高人民检察院的立案标准，给国家税收造成重大损失是指：（一）徇私情、私利，违反规定，对应当征收的税款擅自决定停征、减征或免征，或者伪造材料，隐瞒情况，弄虚作假，不征、少征应征税款，致使国家税收损失累计达10万元以上的；（二）徇私舞弊不征、少征应征税款不满10万元，但具有索取或者收受贿赂或者其他恶劣情节的。“其他恶劣情节”是指造成恶劣的社会、政治影响，严重扰乱税收征管秩序，引发其他违法犯罪活动；对多个纳税人或者纳税单位不征、少征应征税款；导致经济秩序混乱等。

徇私舞弊、玩忽职守、不征或者少征税款，是要追究责任的。《税收征收管理法》第82条第1款规定：“税务人员徇私舞弊或者玩忽职守、不征或者少征税款，致使国家税收遭受重大损失，构成犯罪的，依法追究刑事责任；尚不构成犯罪的，依法给予行政处分。”如

"违规多征、少征税款的"情节轻微的,根据国家税务总局《关于印发税收执法责任制"两个办法"和"两个范本"的通知》(国税发〔2005〕42号)第十八条规定税务执法人员取消执法资格。情节严重的,根据《刑法》第四百零四条第一款规定:"税务机关工作人员徇私舞弊,不征或者少征税款,致使国家税收遭受重大损失的,处5年以下有期徒刑或者拘役;造成特别重大损失的,处5年以上有期徒刑。"

本案中,姚某担任税务局分局长期间,利用职务便利,在发现某花木园林集团有限公司和某花木园林绿化工程有限公司违规开具免税农业产品销售发票与生活置业有限公司结算工程款逃税的事实后,接受他人说情,徇私舞弊,不征应征税款共计人民币161余万元,致使国家税收遭受特别重大损失,其行为已构成徇私舞弊、不征少征税款罪,应依法追究其刑事责任。

法律依据

《中华人民共和国税收征收管理法》第九条:"税务机关应当加强队伍建设,提高税务人员的政治业务素质。

税务机关、税务人员必须秉公执法、忠于职守、清正廉洁、礼貌待人、文明服务,尊重和保护纳税人、扣缴义务人的权利,依法接受监督。

税务人员不得索贿受贿、徇私舞弊、玩忽职守、不征或者少征应征税款;不得滥用职权多征税款或者故意刁难纳税人和扣缴义务人。"

《中华人民共和国税收征收管理法》第八十一条:"税务人员利用职务上的便利,收受或者索取纳税人、扣缴义务人财物或者谋取其他不正当利益,构成犯罪的,依法追究刑事责任;尚不构成犯罪的,依法给予行政处分。"

五、税收争议

1. 我国现行法律对作出税务行政处罚的税务机关有何要求?

案情简介

2010年6月23日,A县B乡的杨某用24000元向本村农民收购了12头生猪,准备运往邻县出售。在运往邻县途中,本乡税务站接到群众举报对其进行拦截,并通知A县税务局下属的城南税务所。城南税务所查明事实后,于7月5日向杨某送达了《税务行政处罚事项告知书》,后于7月6日向杨某送达了《税务行政处罚决定书》,认定杨某在农村采购生猪并运往邻县出售、事先未到当地税务机关进行相关的税务登记以及办理查验手续,根据《中华人民共和国税收征收管理法》第六十条的规定,对杨某处以追缴偷税、漏税款734.42元,并罚款5000元的行政处罚。

杨某以不知收购生猪运往邻县出售要到当地税务机关进行相关税务登记为由,对本县税务局下属的城南税务所作出的行政处罚不服,向本地税务局提出行政复议申请:要求撤销本县税务局下属的城南税务所对其作出的处理决定。

专家提示

本案的核心问题是我国现行法律对税务行政处罚的作出机关有何要求。

《中华人民共和国税收征收管理法》第六十条规定:“纳税人有未按照规定的期限申报办理税务登记、变更或者注销登记的行为的,由税务机关责令限期改正,可以处二千元以下的罚款;情节严重的，处二千元以上一万元以下的罚款。”

所以本案中，杨某购买生猪并出售未办理税务登记的行为是违法的。

但是本案中，A 县税务局下属的城南税务所作出行政处罚的行为存在以下几个问题：

首先，作出行政处罚的主体不合格。根据我国法律的规定，税务机关在作出相关的行政处罚时，罚款额在二千元以下的，可以由税务所决定。而本案中 A 县税务局下属的城南税务所对杨某进行罚款 5000 元的行政处罚超越了执法权限，故主体不合格。

其次，税收机关的执法程序不合法。根据我国法律的规定，对公民作出 2000 元以上或者对法人或其他组织作出 1 万元以上罚款的案件，要依法组织听证且要求听证的事例，应当自收到《税务行政处罚事项告知书》后 3 日内向税务机关提出书面要求。本案中税务所对于杨某的罚款符合申请听证的数额要求，但 A 县税务局下属的城南税务所于 7 月 5 日向杨某送达了《税务行政处罚事项通知书》，于 7 月 6 日便向杨某送达了《税务行政处罚决定书》，未向杨某告知其有申请听证的权利，也未给予杨某申请听证的时间，故明显在执法程序上不合法。

法律依据

《中华人民共和国税收征收管理法》第六十条规定：“纳税人有下列行为之一的，由税务机关责令限期改正，可以处二千元以下的罚款；情节严重的，处二千元以上一万元以下的罚款：

（一）未按照规定的期限申报办理税务登记、变更或者注销登记的；

（二）未按照规定设置、保管账簿或者保管记账凭证和有关资料的；

（三）未按照规定将财务、会计制度或者财务、会计处理办法和会计核算软件报送税务机关备查的；

（四）未按照规定将其全部银行账号向税务机关报告的；

（五）未按照规定安装、使用税控装置，或者损毁或者擅自改动税控装置的。

纳税人不办理税务登记的，由税务机关责令限期改正；逾期不改正的，经税务机关提请，由工商行政管理机关吊销其营业执照。

纳税人未按照规定使用税务登记证件，或者转借、涂改、损毁、买卖、伪造税务登记证件的，处二千元以上一万元以下的罚款；情节严重的，处一万元以上五万元以下的罚款。”

《中华人民共和国税收征收管理法》第七十四条规定：“本法规定的行政处罚，罚款额在二千元以下的，可以由税务所决定。”

《税务行政处罚听证程序实施办法（试行）》第三条规定：“税务机关对公民作出 2000 元以上（含本数）罚款或者对法人或者其他组织作出 1 万元以上（含本数）罚款的行政处罚之前，应当向当事人送达《税务行政处罚事项告知书》，告知当事人已经查明的违法事实、证据、行政处罚的法律依据和拟将给予的行政处罚，并告知有要求举行听证的权利。”

《税务行政处罚听证程序实施办法（试行）》第四条规定：“要求听证的当事人，应当在《税务行政处罚事项告知书》送达后 3 日内向税务机关书面提出听证；逾期不提出的，视为放弃听证权利。”

2. 税收争议中的滞纳金和罚款是否可以并罚?

案情简介

家住农村的李某于2007年5月1日用自家的一间临街住房开了一家小卖部,以补贴家用,并且方便附近居民。李某认为,自己的小卖部位于农村,是自家住房,且规模很小,所以未办理工商登记和卫生许可证以及税务登记。工商局和税务局的工作人员多次上门做工作,李某拒不办理相关手续,并且不愿办理税收登记,亦不缴纳相关税费。2008年6月1日,相关税务部门对李某的偷税税额进行了计算,并给予其2万元的罚款。截止到2008年9月1日,李某拒不缴纳罚款,亦不办理相关手续,故相关税务部门责令李某缴纳税款、罚款,并缴纳500元的滞纳金。

李某认为,自己未缴纳税款是事实,但是进行一次处罚便可,或者进行罚款,或者缴纳滞纳金,二者都罚,是对自己惩罚的重复,并以此为由向有关税务部门提起了税收行政复议的申请,要求撤销税务部门对自己滞纳金和罚款同时处罚的决定。

专家提示

本案主要涉及在税收行政处罚中,很多人对滞纳金和罚款的混同问题,其中不乏税收工作者。

首先,要明确滞纳金的含义。滞纳金就是自纳税人的纳税义务发生后,在法定的纳税申报期内没有向税务机关申报入库,而占用国家税款的一种补偿。按照现行税收法律的规定,按滞纳税款每日万分之五加收滞纳金。滞纳金的本质就是纳税人、扣缴义务人占用国家税款而应缴纳的一种经济补偿。故而，滞纳金不是罚款。按照《中华人民共和国税收征收管理法》第三十二条和《税务行政复议规则》规定，滞纳金在其法律意义上，属于征税行为。

滞纳金的征收与做出税务行政处罚一样，都属于具体行政行为。税务行政处罚表现之一——罚款，是我国的税务机关依据《中华人民共和国行政处罚法》所赋予的行政权力而为的行政行为。并且，做出行政处罚是税务机关的法定职责，如若税务机关应当处以罚款而不加以处罚，则会构成行政不作为。

综上所述，由于滞纳金本身并不是罚款，且与罚款属于不同的具体行政行为，故滞纳金和罚款同时应用，不违反我国有关"对于行为人同一违法事实不得做出两次以上罚款的行政处罚"等"一事不二罚"的规定，所以，本案中对于李某所做的处罚是合法的。

法律依据

《中华人民共和国税收征管法》第三十二条规定："纳税人未按照规定期限缴纳税款的，税务机关除责令限期缴纳外，从滞纳税款之日起，按日加收滞纳税款万分之五的滞纳金。"

《中华人民共和国行政处罚法》第五十一条第一款规定："当事人到期不缴纳罚款的，每日按罚款数额的百分之三加处罚款。"

《中华人民共和国行政处罚法》第二十四条规定："对当事人同一违法行为，不得给予两次以上罚款的行政处罚。"

3.“一事不再罚”的规定怎样保护纳税人的利益?

案情简介

时值隆冬,某乡农民蔡某路过A市见路边烤红薯很赚钱,心想反正冬天也是闲的时候,跟着大家一起卖烤红薯也挺好,虽然挣不了几个钱,但是也能有些收入。2009年12月3日,蔡某和邻村的王某一起,用自制的烤炉,在A市路边一起卖上了烤红薯。

同年12月28日,A市工商局以其未办理营业执照为由对蔡某等人进行了处罚,翌日,该市卫生监督部门以蔡某等人未办理食品卫生许可证为由对其进行了处罚,12月30日,A市税务局以其未缴纳税款为由对蔡某等人进行了罚款处罚。

专家提示

本案主要涉及“一事不再罚”原则对税务行政相对人的利益保护问题。

本案中,蔡某等人的违法行为受到了三次罚款的行政处罚,显然违背了我国关于“一事不再罚”的规定。故该市卫生监督部门以及税务部门的罚款行为是违法的。

我国法律规定,“一事不再罚”是指“对当事人同一违法行为,不得给予两次以上罚款的行政处罚”,可以做如下理解:

首先,“一事”是指“同一违法行为”,即从构成要件的角度看,自然人或者组织的某一行为符合一个违法行为的构成要件。

其次,“不再罚”是指不对行为人的同一违法行为,给予两次以上的罚款的处罚:第一,在次数上所做的限定,即不能超过“两次以上”；第二，即“两次以上”的行政处罚不能都是罚款。

对于“不再罚”的理解，还应深入到“同一行政机关不得再罚”与“不同行政机关不得再罚”两个层面。

（1）同一行政机关的不再罚。即同一行政机关不得依据行为人的“同一违法行为”给予当事人两次及以上同种类的处罚，如给行为人两次罚款；同时，也不得依据同一理由和法律依据给予行为人两次以上不同种类的处罚，如给予罚款后又吊销执照，如需并处的，应在一次处罚中作出决定。

（2）不同行政机关的不再罚。即同一违法行为同时触犯多个法律规范，各个有权机关不得分别依据同一事实、理由和法律依据再给予行为人同样的行政处罚。

最后，违法行为构成犯罪，行为人已经受到刑罚后，没有法律的特别规定，行政机关不得再给予行政处罚。

“一事不再罚”原则的意义不仅体现为切实保护当事人的合法权益，并且有助于保证行政处罚的公正、准确，从而避免当事人受到与其违法行为的事实、性质、情节以及社会危害性等不相适应的处罚，还体现其能促进行政机关及其工作人员做到廉洁奉公、尽职尽责，避免以权谋私、滥用权力、执法犯法等不良现象的发生，从而提高行政机关及其工作人员在人民群众心目中的形象，减少一些不必要的矛盾，维护良好的干群关系。此外，这一原则还可以维护法律的严肃性和执法的统一性，避免放纵行政违法行为。

法律依据

《行政处罚法》第二十四条规定，“一事不再罚”是指：“对当事人同一违法行为，不得给予两次以上罚款的行政处罚。”

4. 税收听证程序怎样启动?

案情简介

2008年11月12日,某县税务局接到群众举报,反映该县北地镇刘家村农民陈伟在村里承包经营了一个沙场,没有进行税务登记,也未缴纳过任何税款。该县税务局经查发现,陈伟自2006年承包沙场以来,未进行过任何税务登记,也未向税务部门缴纳相应税款。经计算,陈伟采取不向税务机关申报纳税的手段,少缴税款6万元。据此,2008年11月27日该县税务局对陈伟作出追缴不申报缴纳的税款的决定。该决定规定:①陈伟应当在15日内缴纳欠税款;②拟处不申报税款0.5倍的罚款,即3万元;③陈伟享有陈述、申辩的权利,并可以要求听证。

陈伟接到决定后,对决定的内容产生了疑惑:什么是听证?怎样要求税务机关进行听证?听证对于自己的权利有何益处?

专家提示

本案主要涉及在税收争议中,怎样启动税收听证程序的问题。

税收听证程序是指税务机关在做出重大的、影响相对人权利义务关系的决定之前,听取当事人陈述、申辩和质证,然后根据双方质证、核实的材料做出税收行政决定的一种程序。税收听证程序的目的在于弄清事实、发现真相,给予当事人就重要的事实表达意见的机会。其本质是公民运用法定权利抵抗税务行政机关可能的不当行政行为,以保护公民自己的切身利益。

我国相关法律法规对于听证程序的启动做出了要求，即当行政机关做出责令停产停业、吊销许可证或执照、数额较大的罚款等决定时，当事人要求听证的，行政机关应当组织听证。所以我国的税务机关在做出上述三种税收行政行为的时候，应当告知当事人有进行听证的权利，当事人要求听证的，相关税务部门要及时组织听证。

那么，"数额较大"在税收行政行为中的界定问题，我国法律也有具体规定：税务机关对公民作出 2000 元以上（含本数）罚款或者对法人或者其他组织作出 1 万元以上（含本数）罚款的行政处罚。所以，在本案中，陈伟接到了税务机关给予 3 万元税务行政处罚的决定，符合启动听证程序的数额要求，陈伟如有对处罚决定不服或异议，可以要求相关税务部门及时组织听证，从而启动听证程序。

另外，对于当事人启动听证程序，我国法律在时间上也有详细的规定，即应当在《税务行政处罚事项告知书》送达后 3 日内向税务机关书面提出听证，逾期不提出的，视为放弃听证权利。故而我们从法律规定中可以看出，陈伟如需要启动听证程序，还要遵循时间上的限制，这也是为了避免行政行为相对人拖欠罚款、滥用权利的现象出现。

另附：《税务行政处罚听证申请书》样式

税务行政处罚听证申请书

××国家税务局（税务机关）：

我（××单位）对《税务行政处罚事项告知书》（文书字号××国税罚告[20××]××号）拟作出的行政处罚有异议，要求听证。

听证理由如下：____

____。

听证申请人（自然人姓名）：__________ 联系电话：__________

住所：____

证件名称：身份证　　证件号码：________________

法人或其他组织名称：________________

联系电话：________　地址：________________

法定代表人或主要负责人姓名：________

委托代理人姓名：________　联系电话：________

住所：________________

证件名称：身份证　　证件号码：________________

申请人（章）

×年×月×日

法律依据

《中华人民共和国行政处罚法》第四十二条规定："行政机关做出责令停产停业、吊销许可证或执照，数额较大的罚款等决定之前，应告知当事人有要求举行听证的权利；当事人要求听证的，行政机关应当组织听证。"

《国家税务总局税务行政处罚听证程序实施办法（试行）》第三条规定："税务机关对公民作出2000元以上（含本数）罚款或者对法人或者其他组织作出1万元以上（含本数）罚款的行政处罚之前，应当向当事人送达《税务行政处罚事项告知书》，告知当事人已经查明的违法事实、证据、行政处罚的法律依据和拟将给予的行政处罚，并告知有要求举行听证的权利。"

《国家税务总局税务行政处罚听证程序实施办法（试行）》第四条规定："要求听证的当事人，应当在《税务行政处罚事项告知书》送达后3日内向税务机关书面提出听证；逾期不提出的，视为放弃听证权利。"

5. 税收行政复议制度怎样维护纳税人的权利？

案情简介

2009年6月20日，某县国税局接到群众举报，称王某未进行工商登记、未取得营业执照也没有进行税务登记便私自从事餐饮类营业活动。该县国税局接到举报后，便对此事进行了核实审查。经审查，国税局核定王某应补缴税款1万元，并对王某做出5000元的税务行政处罚决定。王某认为对自己的处罚过重，但又不知道怎么办。此时，王某的邻居肖某告知王某，说可以申请税收行政复议。但是王某对行政复议丝毫不了解，于是王某向有关专家求助。

专家提示

本案主要涉及税收行政复议制度对纳税人的利益保护起到何种作用的问题。

税收行政复议是我国行政复议制度的一个具体表现。税收行政复议是指当事人，即纳税人、扣缴义务人、纳税担保人及其他税务当事人等不服税务机关及其工作人员作出的税务具体行政行为，依法向上一级税务机关（即复议机关）提出申请，复议机关经审理，对原税务机关具体行政行为依法作出维持、变更、撤销等决定的活动。

税收行政复议制度同其他的行政复议制度一样，其本质是为了防止和纠正违法的或不当的税务具体行政行为，保护纳税人及其他税务当事人的合法权益，保障和监督税务机关依法行使职权。国家税务总局为了进一步发挥行政复议解决税收行政争议的作用，保护公民、法人和其他组织的合法权益，监督和保障税务机关依法行使职权，根据《中华人民共和国行政复议法》、《中华人民共和国税收征收管理法》和《中华人民共和国行政复议法实施条例》，结合税收工作实际，制定了《税务行政复议规则》，并于2010年4月1日起施行，以保护广大纳税主体的合法权益。

法律依据

《中华人民共和国行政复议法》第一条："为了防止和纠正违法的或者不当的具体行政行为，保护公民、法人和其他组织的合法权益，保障和监督行政机关依法行使职权，根据宪法，制定本法。"

《税务行政复议规则》第二条："公民、法人和其他组织(以下简称'申请人')认为税务机关的具体行政行为侵犯其合法权益，向税务行政复议机关申请行政复议，税务行政复议机关办理行政复议事项，适用本规则。"

6. 税收争议要提起税收行政复议申请需符合什么条件?

案情简介

某县地税局某分局于2010年3月组织相关人员对其辖区内纳税户经营情况进行摸底调查后,发现辖区内餐饮业纳税户的月定额明显偏低,决定对所有的餐饮业纳税户从4月起调整定额,并将此想法上报给了该县地税局。2010年3月底,该县地税局发出了《关于加强税收征管的通告》,《通告》规定了对餐饮业纳税户增加原定额的相关条款,并加大了处罚措施,并声明此《通告》于4月1日起实施。《通告》发出后,该县餐饮业纳税户对此表示极为不满,认为此《通告》极大地损害了自己的利益,其中一部分餐饮业纳税户向上一级税务部门提起税收行政复议的申请,要求其撤销该县地税局发出的《关于加强税收征管的通告》。但上一级税务部门却拒绝接受该县餐饮业纳税户的复议申请,并告知该申请内容不符合税收行政复议的受理范围。该县餐饮业纳税户认为,都是税务部门做出的决定,上一级税务机关对下级税务机关的错误做法是包庇行为,故而找到了律师寻求帮助。

专家提示

本案主要涉及哪些税收争议可以申请税收行政复议的问题。

根据国家税务总局颁布的《税务行政复议规则》第二条的规定:“公民、法人和其他组织(以下简称‘申请人’)认为税务机关的具体行政行为侵犯其合法权益,向税务行政复议机关申请行政复议,税务行政复议机关办理行政复议事项,适用本规则。”所以,由此可以看出，提起税务行政复议的要求有二：

一是针对税务机关的“具体行政行为”。所谓“具体行政行为”，是指国家行政机关和行政机关工作人员、法律法规授权的组织行政机关委托的组织或者个人在行政管理活动中行使行政职权，针对特定的公民、法人或者其他组织，就特定的具体事项，作出的有关该公民、法人或者其他组织权利和义务的单方行为。简而言之，即指行政机关行使行政权力，对特定的公民、法人和其他组织作出的有关其权利和义务的单方行为。

所以，“具体行政行为”当然的即相对于“抽象行政行为”而言。“抽象行政行为”是指国家行政机关针对不特定管理对象实施的制定法规、规章和有普遍约束力的决定、命令等行政规则的行为，其行为形式体现为制定或发布行政法律文件，其中包括规范文件和非规范文件。本案中，该县地税局发出的《关于加强税收征管的通告》，显然不是针对特定的某一或者某几个餐饮业纳税户而言的，其针对的是该县所有的餐饮业纳税户，所以该县地税局发布《通告》的行为不属于具体行政行为，是抽象行政行为，是该县地税局做出具体税务行政行为的依据，不属于相对人可以提起税收行政复议的范围。

二是公民、法人和其他组织认为税务机关的“具体行政行为”侵犯了其合法权益。只要行政相对人“认为”侵犯合法权益即可，并不要求在提出税务行政复议阶段，相对人所“认为”的理由是正确的，至于审查该理由的正确与否，是行政机关对于复议申请受理后的工作。本案中，该县餐饮业纳税户认为该县地税局发布《关于加强税收征管的通告》的行为侵犯了他们的合法权益这一点，是符合行政复议申请的提出要求的。

综上所述，本案中该县地税局上一级税务部门拒绝接受该县餐饮业纳税户的复议申请的做法是合法的。该县餐饮业纳税户可以等待该县地税局根据此《通告》对其采取具体的税收政策后再向上一级税务部门提起关于具体税收行政行为的行政复议，并对此《通告》一并提出审查申请。

法律依据

《税务行政复议规则》第二条规定："公民、法人和其他组织认为税务机关的具体行政行为侵犯其合法权益，向税务行政复议机关申请行政复议，税务行政复议机关办理行政复议事项，适用本规则。"

《中华人民共和国行政复议法》第七条第一款规定："公民、法人或者其他组织认为行政机关的具体行政行为所依据的下列规定不合法，在对具体行政行为申请行政复议时，可以一并向行政复议机关提出对该规定的审查申请：

（一）国务院部门的规定；

（二）县级以上地方各级人民政府及其工作部门的规定；

（三）乡、镇人民政府的规定。"

7. 哪些税收争议可以申请税收行政复议？

案情简介

2010 年 12 月，赵芳以及同村的几名妇女开办了一家名为“芳芳”的成衣订制店，并依照相关部门的要求办理了营业执照和税务登记。2011 年 3 月底，该县国税局直属税务所对其进行例行检查，发现“芳芳”成衣订制店的发票存在存根联被涂改以及严重破损的情形，所以难以根据赵芳等人提供的存根联核查该店铺的纳税和销售情况。2011 年 4 月初，该直属税务所依据赵芳等人的情况，对其进行了 1000 元的税务行政处罚，并责令改正其违法行为。赵芳等人对此处罚不服，在咨询了有关专家之后，得知对于此处罚，可以申请税收行政复议。故赵芳等人在缴纳了相应的罚款后，向当地税务部门提起了行政复议。

专家提示

本案主要涉及哪些税收争议可以提起税收行政复议的问题。

我国法律对于公民、法人或者其他组织提起行政复议的情形做了规定，其中之一即为“对行政机关作出的警告、罚款、没收违法所得、没收非法财物、责令停产停业、暂扣或者吊销许可证、暂扣或者吊销执照、行政拘留等行政处罚决定不服的，可以申请行政复议”。

上述法律规定具体到我国税收工作中的税收争议，国家税务总局颁发的《税务行政复议规则》则做出了更为详尽的规定，界定了我国税收行政复议的受案范围：

（一）征税行为，包括确认纳税主体、征税对象、征税范围、减税、免税、退税、抵扣税款、适用税率、计税依据、纳税环节、纳税期限、纳税地点和税款征收方式等具体行政行为，征收税款、加收滞纳金，扣缴义务人、受税务机关委托的单位和个人作出的代扣代缴、代收代缴、代征行为等。

（二）行政许可、行政审批行为。

（三）发票管理行为，包括发售、收缴、代开发票等。

（四）税收保全措施、强制执行措施。

（五）行政处罚行为：

1. 罚款；

2. 没收财物和违法所得；

3. 停止出口退税权。

（六）不依法履行下列职责的行为：

1. 颁发税务登记；

2. 开具、出具完税凭证、外出经营活动税收管理证明；

3. 行政赔偿；

4. 行政奖励；

5. 其他不依法履行职责的行为。

（七）资格认定行为。

（八）不依法确认纳税担保行为。

（九）政府信息公开工作中的具体行政行为。

（十）纳税信用等级评定行为。

（十一）通知出入境管理机关阻止出境行为。

（十二）其他具体行政行为。

所以本案中，赵芳等人根据税收行政机关做出的关于罚款的行政行为提起行政复议申请，符合法律规定的税收行政复议的受案范围，应该得到法律的支持。

法律依据

《中华人民共和国税收征收管理法》第八十八条："纳税人、扣缴义务人、纳税担保人同税务机关在纳税上发生争议时，必须先依照税务机关的纳税决定缴纳或者解缴税款及滞纳金或者提供相应的担保，然后可以依法申请行政复议；对行政复议决定不服的，可以依法向人民法院起诉。

当事人对税务机关的处罚决定、强制执行措施或者税收保全措施不服的，可以依法申请行政复议，也可以依法向人民法院起诉。

当事人对税务机关的处罚决定逾期不申请行政复议也不向人民法院起诉，又不履行的，作出处罚决定的税务机关可以采取本法第四十条规定的强制执行措施，或者申请人民法院强制执行。"

8. 提起税收行政复议申请需符合哪些条件?

案情简介

2011 年 4 月,经营文具店的王某因拒不提供发票以及提供发票不符合税务部门的规定等原因,被群众举报至该县税务部门,该县税务部门遂对王某的违法行为进行调查。调查过程中发现,王某在之前的 3 个月内,拒绝向顾客提供发票以及提供发票不符合规定等违法行为属实,依据我国现行的税收处罚规定,对王某处以 2500 元的罚款。王某对该处罚不服,拒不缴纳罚款,接到处罚决定后便向当地相关税务部门提起了税收行政复议申请。该复议机关经过审查,认定王某不符合复议的申请条件,遂裁定不予受理。王某对此大为不解,便求助于当地律师。

专家提示

本案涉及税收行政复议申请的提起条件问题。

我国行政复议的提起要符合下列条件:

(1)申请人的资格要求。申请人必须是认为税务机关具体的行政行为直接侵犯了其合法权益的公民、法人和其他组织以及外国人、无国籍人、外商投资企业、外国企业和其他外国组织。

(2)有明确的被申请人。即复议申请所针对的作出具体行政行为的税务机关是确定的。

(3)有具体的复议请求和事实根据。

(4)属于税收行政复议受案范围。不符合《税务行政复议规则》第十四条规定的税务行政复议受案范围的申请都属于无效申请。

(5)属于规定的税务机关管辖。

(6)申请人的复议申请属于必经复议范围的，申请人在提请复议前，必须先按照税务机关根据法律、行政法规确定的期限缴清税款、滞纳金、罚款。

(7)复议申请必须在法定的复议申请期限内提出。按照规定，申请人可以在得知税务机关作出具体行政行为之日起60日内提出行政复议申请。因不可抗力或者被申请人设置障碍等其他正当理由耽误法定申请期限的，申请期限自障碍消除之日起继续计算。

所以本案中，王某未缴纳相应罚款便申请复议，不符合申请复议的前提条件，故复议机关裁定不予受理的做法是正确的。

附：《行政复议申请书》格式：

行政复议申请书

申请人：姓名、性别、年龄、职业、地址（法人或者其他组织的名称、地址，法定代表人的姓名、职务。）

被申请人：名称、地址，法定代表人姓名、职务。

申请人因不服被申请人________年________月________日作出的________________具体行政行为，向__________机关提出复议申请，要求______________。

事实及理由：

此致

（受理复议申请的行政机关）

申请人：（签名或盖章）

年　月　日

附：1. 申请书副本____________份；

2. 证据____________份。

法律依据

《税务行政复议规则》第三十四条:"申请人对本规则第十四条第(一)项规定以外的其他具体行政行为不服,可以申请行政复议,也可以直接向人民法院提起行政诉讼。

申请人对税务机关作出逾期不缴纳罚款加处罚款的决定不服的,应当先缴纳罚款和加处罚款,再申请行政复议。"

《中华人民共和国税收征收管理法》第八十八条:"纳税人、扣缴义务人、纳税担保人同税务机关在纳税上发生争议时,必须先依照税务机关的纳税决定缴纳或者解缴税款及滞纳金或者提供相应的担保,然后可以依法申请行政复议;对行政复议决定不服的,可以依法向人民法院起诉。

当事人对税务机关的处罚决定、强制执行措施或者税收保全措施不服的,可以依法申请行政复议,也可以依法向人民法院起诉。

当事人对税务机关的处罚决定逾期不申请行政复议也不向人民法院起诉,又不履行的,作出处罚决定的税务机关可以采取本法第四十条规定的强制执行措施,或者申请人民法院强制执行。"

《中华人民共和国行政复议法》第十一条:"申请人申请行政复议,可以书面申请,也可以口头申请;口头申请的,行政复议机关应当当场记录申请人的基本情况、行政复议请求、申请行政复议的主要事实、理由和时间。"

9. 对于提起税收行政复议的期限，法律是怎样要求的？

案情简介

2010年11月，经某市国家税务局核查证实，该市一家名为"蓝天"的儿童服装制造厂在2010年上半年，少缴增值税9万余元。2011年1月3日，该市国家税务局对"蓝天"儿童服装制造厂的违法行为做出了处理决定：补缴增值税9.4万元，限15日内到相关税务机关缴纳，并对该厂处以4万元的罚款。该市国家税务局于2011年1月6日将处理决定书送达给"蓝天"儿童服装制造厂，该厂于2011年1月12日到相关税务部门补缴了增值税以及罚款。2011年9月12日，该厂负责人认为该市国家税务局对于罚款的处罚过重，遂向有关税务机关提起了税收行政复议。有关税务部门以申请复议超过法定期限为由，裁定不予受理。

专家提示

本案涉及提起税收行政复议的期限要求问题。

我国法律规定，申请人申请行政复议的，必须依照税务机关根据法律、法规确定的税额、期限，先行缴纳或者解缴税款和滞纳金，或者提供相应的担保，才可以在缴清税款和滞纳金以后或者所提供的担保得到作出具体行政行为的税务机关确认之日起60日内提出行政复议申请。

所以本案中，可以看出，"蓝天"儿童服装制造厂于2011年1月6日接到处理决定书，于2011年1月12日到相关税务部门补缴了增值税以及罚款，但是在2011年9月12日才向有关税务机关提起税收行政复议，显然违反了税收行政复议提起的期限要求。故本案中相关税务部门不予受理“蓝天”儿童服装制造厂的行为是合法的。

法律依据

《行政复议法》第九条明确规定：“公民、法人或者其他组织认为具体行政行为侵犯其合法权益的，可以自知道该具体行政行为之日起六十日内提出行政复议申请；但是法律规定的申请期限超过六十日的除外。因不可抗力或者其他正当理由耽误法定申请期限的，申请期限自障碍消除之日起继续计算。”

《税务行政复议规则》第三十三条：“申请人对本规则第十四条第(一)项规定的行为不服的，应当先向行政复议机关申请行政复议；对行政复议决定不服的，可以向人民法院提起行政诉讼。

申请人按照前款规定申请行政复议的，必须依照税务机关根据法律、法规确定的税额、期限，先行缴纳或者解缴税款和滞纳金，或者提供相应的担保，才可以在缴清税款和滞纳金以后或者所提供的担保得到作出具体行政行为的税务机关确认之日起60日内提出行政复议申请。”

10. 哪些税收争议一定要先申请税收行政复议才可以提起行政诉讼?

案情简介

2010年2月1日,某县税务部门接到群众举报,该县某村村民林某承包村里林地若干亩,但尚未办理纳税登记,亦未曾缴纳相关税款。2010年9月1日,该县税务部门在对林某的违法事实进行检处的基础上,对林某做出了补缴税款的决定以及缴纳罚款的处罚。林某对该县税务部门所做的决定不服,意欲申请税收行政复议,被当地税务部门的工作人员告知,只有在缴纳相应税款以及罚款的基础上,才能申请税收行政复议。林某认为自己与村委会签订了承包协议,应该是村委会进行税款的缴纳,而不是自己,既然不能申请税收行政复议,就干脆去法院提起税收行政诉讼,状告该县的相关税务部门。林某到达法院后,被法院的工作人员告知,林某的理由为对于纳税主体的争议,属于复议前置诉讼的范围,只有先经过税收行政复议,对复议决定不服的,才能进行诉讼。林某想不明白为何不能直接提起诉讼,一定要先进行复议,且既不想缴纳罚款,又没有办法提起诉讼,到了两难的境地。

专家提示

本案涉及的问题即哪些税收争议属于行政复议前置的范围。

行政复议前置,即复议前置诉讼,是指行政相对人对法律、法规规定的特定具体行政行为不服,在寻求法律救济途径时,应当先选择向行政复议机关申请行政复议,而不能直接向人民法院提起行政诉讼。如果经过行政复议之后行政相对人对复议决定仍有不同意见的，才可以向人民法院提起行政诉讼的一项制度。这一制度涉及的意义在于，不仅降低了行政相对人的诉讼成本，而且有机地区分了行政机关与人民法院的职能。

复议前置诉讼实际上是解决行政复议和行政诉讼的衔接关系的一项制度设计。目前我国法律规定的行政复议前置只有八种，涉及税收征收管理的，即《税收征收管理法》第八十八条规定的，纳税人、扣缴义务人、纳税担保人同税务机关在纳税上发生争议时，必须先依照税务机关的纳税决定缴纳或者解缴税款及滞纳金或者提供相应的担保，然后可以依法申请行政复议；对行政复议决定不服的，可以依法向人民法院起诉。当事人对税务机关的处罚决定、强制执行措施或者税收保全措施不服的，可以依法申请行政复议，也可以依法向人民法院起诉。当事人对税务机关的处罚决定逾期不申请行政复议也不向人民法院起诉，又不履行的，作出处罚决定的税务机关可以采取本法第四十条规定的强制执行措施，或者申请人民法院强制执行。

从上述法条中我们可以看出，只有“纳税争议”才是复议前置诉讼的范围，而当事人对税务机关的处罚决定、强制执行措施或者税收保全措施不服的，属于既可以申请复议，也可以提起诉讼的范畴。

那么什么是“纳税争议”呢？纳税争议，就是指纳税人、扣缴义务人、纳税担保人对税务机关确定纳税主体、征税对象、征税范围、减税、免税及退税、适用税率、计税依据、纳税环节、纳税期限、纳税地点以及税款征收方式等具体行政行为有异议而发生的争议。

所以本案中，林某认为应该缴纳税款的是村委会而不是自己，是关于纳税主体的争议，属于行政复议前置诉讼的范围。林某对于该处罚决定不服，只能先缴纳罚款，然后进行税收行政复议的申请，以保障自己的合法权益不受侵犯，而不能直接向人民法院提起税收行政诉讼。

法律依据

《税收征收管理法》第八十八条规定："纳税人、扣缴义务人、纳税担保人同税务机关在纳税上发生争议时，必须先依照税务机关的纳税决定缴纳或者解缴税款及滞纳金或者提供相应的担保，然后可以依法申请行政复议；对行政复议决定不服的，可以依法向人民法院起诉。

当事人对税务机关的处罚决定、强制执行措施或者税收保全措施不服的，可以依法申请行政复议，也可以依法向人民法院起诉。

当事人对税务机关的处罚决定逾期不申请行政复议也不向人民法院起诉，又不履行的，作出处罚决定的税务机关可以采取本法第四十条规定的强制执行措施，或者申请人民法院强制执行。"

《中华人民共和国税收征收管理法实施细则》第一百条规定："税收征管法第八十八条规定的纳税争议，是指纳税人、扣缴义务人、纳税担保人对税务机关确定纳税主体、征税对象、征税范围、减税、免税及退税、适用税率、计税依据、纳税环节、纳税期限、纳税地点以及税款征收方式等具体行政行为有异议而发生的争议。"

11. 税务机关采取保全措施在税收行政复议中应注意什么?

案情简介

某县税务部门于2010年3月份在工作检查中发现本县农民梁某自行出售粮食蔬菜等食品,未经食品安全部门的相关认证,也未到当地工商局办理相关的工商登记,更未到当地税务部门办理相关纳税手续。该税务部门认为梁某的行为明显属于逃避纳税义务的行为,遂于2010年5月1日对梁某做出了处罚决定,责令梁某在15日内进行税务登记,并补缴相应税款2000元,以及给予梁某300元的罚款处罚。截止到2010年11月1日,梁某拒不缴纳任何税款,也不缴纳相应罚款,并且当地税务部门发现梁某有明显转移应税商品以及隐匿应税商品的现象,遂于2010年12月1日,经该县税务局局长批准,扣押了梁某准备销售的粮食若干。梁某见此状况,立即缴纳了相应的税款及罚款后,意欲取回自己被扣押的粮食。但梁某到当地税务机关领取粮食时,发现由于税务部门保管不善,致使自己的粮食全部受潮而发霉变质。梁某遂向该税务部门要求赔偿,在赔偿要求被拒绝之后,梁某向上级税务部门提起了行政复议。

专家提示

本案主要涉及税务部门在采取税收保全措施时要注意什么的问题。

税收保全措施,是法律赋予税务机关的一种强制权力。我国的税务保全措施在《中华人民共和国税收征收管理法》的第三十七条、第三十八条和第五十五条，规定了税务机关在何种情况下，可以采取税收保全措施以及相关税收保全措施的内容，即简易税收保全措施、一般税收保全措施和特殊税收保全措施。

税收保全执行措施是《税收征收管理法》赋予税务机关的一项重要执法权力，是体现税收刚性、防止税款流失、保障收入实现的特别措施，在税收征管中具有十分重要的意义。但为了维护纳税人的合法权益，新修订的《税收征管法》对税收保全和强制执行措施增加了规范和限制使用的条款。若不能准确把握、规范实施，税务机关极易因实体违法或程序违法而在行政诉讼中败诉，侵犯纳税人合法权益，还会导致承担赔偿责任。所以本案中梁某可以依据法律的规定向相关税务部门要求赔偿，而该税务部门拒绝作出赔偿的决定是错误的。

法律依据

《中华人民共和国税收征收管理法》第三十八条："税务机关有根据认为从事生产、经营的纳税人有逃避纳税义务行为的，可以在规定的纳税期之前，责令限期缴纳应纳税款；在限期内发现纳税人有明显的转移、隐匿其应纳税的商品、货物以及其他财产或者应纳税的收入的迹象的，税务机关可以责成纳税人提供纳税担保。如果纳税人不能提供纳税担保的，经县以上税务局（分局）局长批准，税务机关可以采取下列税收保全措施：

（一）书面通知纳税人开户银行或者其他金融机构冻结纳税人的金额相当于应纳税款的存款；

（二）扣押、查封纳税人的价值相当于应纳税款的商品、货物或者其他财产。

纳税人在前款规定的限期内缴纳税款的，税务机关必须立即解除税收保全措施；限期期满仍未缴纳税款的，经县以上税务局（分局）局长批准，税务机关可以书面通知纳税人开户银行或者其他金融机构从其冻结的存款中扣缴税款，或者依法拍卖或者变卖所扣押、查封的商品、货物或者其他财产，以拍卖或者变卖所得抵缴税款。

个人及其所扶养家属维持生活必需的住房和用品，不在税收保全措施的范围之内。”

第三十九条：“纳税人在限期内已缴纳税款，税务机关未立即解除税收保全措施，使纳税人的合法利益遭受损失的，税务机关应当承担赔偿责任。”

12. 税务行政机关如何受理税收行政复议?

案情简介

2010 年 8 月,某县国税局在本辖区内对实行定期定额征收税款的所有个体凉席生产户进行了调整,之前该县生产凉席的个体户王某每月需缴纳 600 元税款,调整之后改为 800 元。王某对此大为不满,认为自己小本经营,且为自己家人生产制造,未雇佣外人,也未租赁使用他人的房屋门面进行销售,没有多大的利润空间,遂与该县国税局发生争议,并于 2010 年 9 月 1 日向该市国税局提起了行政复议的申请。该市国税局经核查后,认为王某的申请符合法律要求,但该市国税局于 9 月 25 日才做出受理决定,随后该市国税局依照法律程序向该县国税局送达了复议副本。

专家提示

本案主要涉及税务行政机关如何受理税收行政复议的问题。

第一,税务行政机关受理税收行政复议有其要求,即《税务行政复议规则》第四十四条规定的内容,如属于行政复议范围、未超出法定期限、有明确的申请人和符合规定的被申请人、申请人与具体行政行为有利害关系、有具体的行政复议请求和理由、符合本规则第三十三条和第三十四条规定的关于行政复议前置的条件、属于本行政机关的职责范围以及其他行政复议机关尚未受理同一行政复议申请、人民法院尚未受理同一主体就同一事实提起的行政诉讼。

第二,受理日期的规定,我国法律规定,行政复议机关收到行政复议申请以后,应当在 5 日内审查,决定是否受理。本案中该市国税局于 9 月 25 日才做出受理决定,距离王某提出复议申请的日期已远远超出“5 日”的规定,故不合法。

第三,受理机关如果发现行政复议申请不符合受理条件,决定不予受理的,要书面告知申请人,对不属于本机关受理的行政复议申请范围，应当告知申请人向有关行政复议机关提出。如果行政复议机关收到行政复议申请以后未按照前款规定期限审查并作出不予受理决定的，视为受理。这是法律对行政相对人的保护。

第四，要注意行政复议与诉讼的衔接问题。即对应当先向行政复议机关申请行政复议，对行政复议决定不服再向人民法院提起行政诉讼的具体行政行为，行政复议机关决定不予受理或者受理以后超过行政复议期限不作答复的，申请人可以自收到不予受理决定书之日起或者行政复议期满之日起 15 日内，依法向人民法院提起行政诉讼。

法律依据

《税务行政复议规则》第四十四条："行政复议申请符合下列规定的，行政复议机关应当受理：(一)属于本规则规定的行政复议范围。(二)在法定申请期限内提出。(三)有明确的申请人和符合规定的被申请人。(四)申请人与具体行政行为有利害关系。(五)有具体的行政复议请求和理由。(六)符合本规则第三十三条和第三十四条规定的条件。(七)属于收到行政复议申请的行政复议机关的职责范围。(八)其他行政复议机关尚未受理同一行政复议申请，人民法院尚未受理同一主体就同一事实提起的行政诉讼。"

第四十五条："行政复议机关收到行政复议申请以后，应当在5日内审查，决定是否受理。对不符合本规则规定的行政复议申请，决定不予受理，并书面告知申请人。

对不属于本机关受理的行政复议申请，应当告知申请人向有关行政复议机关提出。

行政复议机关收到行政复议申请以后未按照前款规定期限审查并作出不予受理决定的，视为受理。"

第四十六条："对符合规定的行政复议申请，自行政复议机构收到之日起即为受理；受理行政复议申请，应当书面告知申请人。"

13. 税务机关在受理税收行政复议时关于管辖有何规定?

案情简介

2010年3月份,齐某大学毕业后返乡,开办了一个家电修理部,该村的村民大多都到齐某家里修理家电。2010年6月份,该区国税局直属税务所进行例行检查,发现齐某在给大家开具的发票上存在很大的问题,于是该税务所的工作人员便将齐某所持有的发票带回以便检验。2010年7月10日,该税务所的工作人员以齐某开具和使用的发票不符合法律规定为由,对齐某进行了处罚决定,责令齐某改正违法行为,并对其处以500元的罚款。齐某不服此决定,以资金出纳员是自己所雇、开具发票等行为并非自己所做等原因,向该区国税局申请复议。该区国税局以本单位不具备管辖权为由,对齐某的复议申请不予受理。

专家提示

本案涉及的问题即税务机关的税收行政复议管辖权问题。

所谓行政复议机关的管辖,就是指行政复议机关受理复议申请的权限和分工,即某一行政争议发生后,应由哪一个行政机关来行使行政复议权。我国《行政复议法》规定,对政府工作部门依法设立的派出机构依照法律、法规或者规章规定,以自己的名义作出的具体行政行为不服的,向设立该派出机构的部门或者该部门的本级地方人民政府申请行政复议。

所以本案中,我们可以看到,该区国税局直属的税务所是区国税局的派出机构,区国税局依法享有对其派出机构的行政复议案件的管辖权。而本案中该区国税局以不享有管辖权为由拒绝受理行政复议的行为，是违法的。

本案中，即使齐某直接向该市国税局或者向其他的税务局申请税收行政复议，被申请税务机关在对齐某的申请作出不予受理的决定后，还要依法履行自己的告知义务，书面告知申请人，对不属于本机关受理的行政复议申请，应当告知其向有管辖权的机关提出。所以我国法律关于行政复议管辖的规定，极大的保护了行政相对人申请复议的权利。

法律依据

《税务行政复议规则》第四十五条：“行政复议机关收到行政复议申请以后，应当在 5 日内审查，决定是否受理。对不符合本规则规定的行政复议申请，决定不予受理，并书面告知申请人。

对不属于本机关受理的行政复议申请，应当告知申请人向有关行政复议机关提出。

行政复议机关收到行政复议申请以后未按照前款规定期限审查并作出不予受理决定的，视为受理。”

《中华人民共和国行政复议法》第十五条：“对本法第十二条、第十三条、第十四条规定以外的其他行政机关、组织的具体行政行为不服的，按照下列规定申请行政复议：

（一）对县级以上地方人民政府依法设立的派出机关的具体行政行为不服的，向设立该派出机关的人民政府申请行政复议；

（二）对政府工作部门依法设立的派出机构依照法律、法规或者规章规定，以自己的名义作出的具体行政行为不服

的，向设立该派出机构的部门或者该部门的本级地方人民政府申请行政复议；

（三）对法律、法规授权的组织的具体行政行为不服的，分别向直接管理该组织的地方人民政府、地方人民政府工作部门或者国务院部门申请行政复议；

（四）对两个或者两个以上行政机关以共同的名义作出的具体行政行为不服的，向其共同上一级行政机关申请行政复议；

（五）对被撤销的行政机关在撤销前所作出的具体行政行为不服的，向继续行使其职权的行政机关的上一级行政机关申请行政复议。

有前款所列情形之一的，申请人也可以向具体行政行为发生地的县级地方人民政府提出行政复议申请，由接受申请的县级地方人民政府依照本法第十八条的规定办理。”

14. 民事案件的调解制度可以应用于税收行政复议案件吗?

案情简介

2010 年 8 月,河北某县地税局对该县的李某做出了税收行政处罚,李某虽然承认自己的行为违反了我国关于税收的法律,但他一直认为此次处罚的罚款额过高,故而李某于 2010 年 9 月向有关税务部门提起了税收行政复议申请,李某向该部门的税收工作人员说:"能不能给调解调解,把罚款额降低一点儿。"该工作人员听完李某的请求后,对此件行政复议案件进行了调解。

专家提示

在我国国税局于 2010 年 4 月 1 日颁布《税务行政复议规则》之前,我国的税收行政复议案件是不适用调解制度的,但在《税务行政复议规则》出台之后,我国的税收行政复议案件便增加了和解与调解制度。允许申请人与被申请人在行政复议决定作出前自愿达成和解协议,经行政复议机构准许后终止行政复议,但申请人不得以同一事实和理由再次申请行政复议;行政复议机关可以按照自愿、合法的原则进行调解。这不得不说是我国法制进步的一个体现。

所谓调解制度,即指行政复议机关,在双方自愿的基础上,促使复议双方达成一致的方法。作为行政复议制度的调解,其要求尊重申请人和被申请人的意愿、在查明案件事实的基础上进行,遵循客观、公正和合理原则并且不得损害社会公共利益和他人合法权益。更需要注意的是,新的《税务行政复议规则》对行政复议调解的程序也作出了相应的规定，即征得申请人和被申请人同意、听取申请人和被申请人的意见、提出调解方案、达成调解协议，最后才是制作行政复议调解书。

所以本案中，李某的调解程序便依上述规定进行。

法律依据

《税务行政复议规则》第八十九条："调解应当符合下列要求：

（一）尊重申请人和被申请人的意愿。

（二）在查明案件事实的基础上进行。

（三）遵循客观、公正和合理原则。

（四）不得损害社会公共利益和他人合法权益。"

《税务行政复议规则》第九十一条："行政复议调解书应当载明行政复议请求、事实、理由和调解结果，并加盖行政复议机关印章。行政复议调解书经双方当事人签字，即具有法律效力。

调解未达成协议，或者行政复议调解书不生效的，行政复议机关应当及时作出行政复议决定。"

《税务行政复议规则》第九十二条："申请人不履行行政复议调解书的，由被申请人依法强制执行，或者申请人民法院强制执行。"

15. 对于税收行政复议案件，税务机关怎样做出复议决定？

案情简介

某村张某于一个月前接到了当地税务部门的处罚决定，张某于近日向有关部门提出了税收行政复议申请。张某很快便接到了维持的复议决定。但张某不知道这个维持的复议决定是什么意思，也不清楚税务部门是如何作出这一维持决定的，遂向有关专家请教。

专家提示

本案涉及的是税收行政复议机关在受理行政复议申请后，是如何做出复议决定的，以及复议机关能做出哪些复议决定的问题。

税收行政复议的做出要经过两个阶段，即国家税务总局的《税务行政复议规则》中第九章所规定的“税务行政复议审查和决定”第六十二条至第八十五条的内容。

首先，税收行政复议的审查遵循全面审查原则，审查方式主要为书面审查，但有时也采用其他形式。所谓书面审查，即不要求双方当事人到场，而是复议机关根据双方所提交的材料进行审查。而“其他方式”则表现为听证的方式，或者需要一方或多方当事人到场，即当申请人提出要求或者行政复议机构认为有必要时，此两种情况下税务行政复议机关应当听取申请人、被申请人和第三人的意见，并可以向有关组织和人员调查了解情况。这种方式适用于较为复杂、影响较大的行政复议案件。

行政机关在申请人申请或者对被申请的具体行政行为进行审查时发现其依据不合法，该行政复议机关对该依据有权处理的，应当在30日内依法处理；无权处理的，应当在7日内按照法定程序逐级转送有权处理的行政机关依法处理，有权处理的行政机关应当在60日内依法处理。处理期间，中止对具体行政行为的审查。

其次，税务行政复议决定。行政机关在经过上述审查环节之后，应当在受理行政复议申请之日起60日内作出复议决定，除法律另有规定的以外。

税务行政复议决定有以下几种：

(一)维持决定，即复议机关认定具体行政行为事实清楚，证据确凿，适用依据正确，程序合法，内容适当的情况下做出的决定。

(二)履行决定，即当被申请的行政机关拒不履行法定职责或者拖延履行法定职责时，复议机关责令被申请的行政主体在一定期限内履行其法定职责。

(三)撤销、变更或者确认该具体行政行为违法的决定，即复议机关认为具体行政行为有下列情形之一的，决定撤销、变更或者确认该具体行政行为违法；决定撤销或者确认该具体行政行为违法的，可以责令被申请人在一定期限内重新作出具体行政行为：

(1)主要事实不清、证据不足的；

(2)适用依据错误的；

(3)违反法定程序的；

(4)超越职权或者滥用职权的；

(5)具体行政行为明显不当的。

(四)赔偿决定，即申请人在提起税收行政复议时一并提出赔偿决定的，复议机关经过审查，如若符合《国家赔偿法》的有关规定，在做出撤销、变更具体行政行为或者确认具体行政行为违法的决定的同时，责令被申请的行政主体依法给予申请人赔偿。

所以本案中，令张某不解的维持决定正是相关税务部门在认定具体行政行为事实清楚、证据确凿、适用法律正确，程序合法、内容适当的情况下作出的。

法律依据

《税务行政复议规则》第七十三条："申请人在申请行政复议时，依据本规则第十五条规定一并提出对有关规定的审查申请的，行政复议机关对该规定有权处理的，应当在30日内依法处理；无权处理的，应当在7日内按照法定程序逐级转送有权处理的行政机关依法处理，有权处理的行政机关应当在60日内依法处理。处理期间，中止对具体行政行为的审查。"

《税务行政复议规则》第七十四条："行政复议机关审查被申请人的具体行政行为时，认为其依据不合法，本机关有权处理的，应当在30日内依法处理；无权处理的，应当在7日内按照法定程序逐级转送有权处理的国家机关依法处理。处理期间，中止对具体行政行为的审查。"

16. 纳税人在什么情况下可以请求税务机关赔偿?

案情简介

2010年5月,某县税务部门对该县所有的纳税单位进行税务例行检查,检查至王某的经营场所时,王某本身就对税务部门的工作人员有很大不满,当税务人员要求查验王某的发票存根时,王某假装没有听见,不予理睬。王某的这一举动惹怒了该税务部门工作人员李某,李某见当时有领导在场,未作表示。第二天李某下班后,在王某回家途中,将王某用棍棒打伤。王某在向李某要求赔偿遭到拒绝后,以李某是该县税务工作人员为由,向该县税务部门提出赔偿请求。

专家提示

本案涉及的问题就是税务行政赔偿的范围。

首先,我们必须明确什么是税务行政赔偿。税务行政赔偿,即国家赔偿的一种表现,也就是国家税收行政机关及其工作人员违法行使职权,侵犯公民、法人或其他组织的合法权益并造成损害,由国家承担赔偿责任的制度。我国于1994年5月12日正式通过了《国家赔偿法》,并于1995年1月1日起施行。这标志着我国国家赔偿制度的正式全面建立。

税务行政赔偿的侵权行为范围,按照《国家赔偿法》的规定,即行政活动中侵犯人身权、财产权的行为。

其中税务机关只对其侵犯人身自由权、生命权以及健康权的,给予赔偿:

第一，在税收行政活动中，侵犯人身自由权的情况有两种，即违法拘留或者违法采取限制公民人身自由的行政强制措施以及非法拘禁或者以其他非法方式剥夺公民人身自由。

第二，侵犯生命健康权的情况有多种，《国家赔偿法》有如下规定：以殴打等暴力行为或者唆使他人以殴打等暴力行为造成公民身体伤害或者死亡的；违法使用武器、警械造成公民身体伤害或死亡的等其他违法行为。

而对于侵犯财产权的赔偿，是指税收机关具有下列情形之一的，对相对人实施赔偿：①违法实施罚款、吊销许可证和执照、责令停产停业、没收财物等行政处罚的；②违法对财产采取查封、扣押、冻结等行政强制措施的；③违法征收、征用财产的；④造成财产损害的其他违法行为。

但是，那些不是由于税务行政机关的税收行为造成的，或者损害虽发生在税收行政活动中，但是由于不可抗力等原因造成的，则税务行政机关对此不负赔偿责任。

本案中，由于该县税务工作人员李某对王某实施的殴打行为不是发生在执行税收职权的行政活动中，而是发生在李某下班后，所以不属于李某因执行税收行政职权而对王某造成的人身伤害，属于李某的个人行为，不属于税务行政赔偿的范围。

法律依据

《国家赔偿法》第二条：“国家机关和国家机关工作人员行使职权，有本法规定的侵犯公民、法人和其他组织合法权益的情形，造成损害的，受害人有依照本法取得国家赔偿的权利。”

本法规定的赔偿义务机关，应当依照本法及时履行赔偿

义务。

《国家赔偿法》第三条:"行政机关及其工作人员在行使行政职权时有下列侵犯人身权情形之一的,受害人有取得赔偿的权利:

(一)违法拘留或者违法采取限制公民人身自由的行政强制措施的;

(二)非法拘禁或者以其他方法非法剥夺公民人身自由的;

(三)以殴打、虐待等行为或者唆使、放纵他人以殴打、虐待等行为造成公民身体伤害或者死亡的;

(四)违法使用武器、警械造成公民身体伤害或者死亡的;

(五)造成公民身体伤害或者死亡的其他违法行为。"

《国家赔偿法》第五条:"属于下列情形之一的,国家不承担赔偿责任:

(一)行政机关工作人员与行使职权无关的个人行为;

(二)因公民、法人和其他组织自己的行为致使损害发生的;

(三)法律规定的其他情形。"

17. 精神损害赔偿可否成为申请税务行政机关赔偿的内容？

案情简介

某甲创办了销售电脑的个人独资企业，截止到 2010 年 10 月份，某甲欠缴税款达 18000 元。当地税务机关根据《中华人民共和国税收征收管理法》的规定，查封了某甲的轿车一辆，在查封期间，该车被盗。某甲仍然拒不缴纳相应税款，并以该税务机关查封其轿车的行为以及丢失该车辆的后果影响其正常营业为由，向有关税务机关提起了税务行政赔偿，其中即包括精神赔偿 1 万元的要求，此精神赔偿的要求被相关税务机关驳回。

专家提示

本案主要涉及税务行政机关的赔偿内容是否包含精神赔偿的问题。

我国税务行政赔偿的侵权损害范围包括物质损害和精神损害。

精神损害赔偿是在侵权行为导致受害人的心理和感情遭受到创伤和痛苦，无法正常进行日常活动的非财产上的损害，既可以由侵犯受害人人身权而引起，也可以由侵犯财产权而引起。我国民事赔偿制度已经肯定了精神损害赔偿责任，但我国行政行为引起赔偿所适用的《国家赔偿法》对于精神损害仅规定了残疾赔偿金和死亡赔偿金。

所以本案中，我国虽然对税收行政行为引起的精神损害赔偿进行了规定，但某甲申请精神损害赔偿的行为不符合《国家赔偿法》关于申请精神损害赔偿的要求，不属于伤残赔偿和死亡赔偿的范围，故不能得到支持。

法律依据

《国家赔偿法》第三条："行政机关及其工作人员在行使行政职权时有下列侵犯人身权情形之一的，受害人有取得赔偿的权利：

(一)违法拘留或者违法采取限制公民人身自由的行政强制措施的；

(二)非法拘禁或者以其他方法非法剥夺公民人身自由的；

(三)以殴打、虐待等行为或者唆使、放纵他人以殴打、虐待等行为造成公民身体伤害或者死亡的；

(四)违法使用武器、警械造成公民身体伤害或者死亡的；

(五)造成公民身体伤害或者死亡的其他违法行为。"

18. 可以提起税收行政诉讼的税收争议有哪些?

案情简介

2008 年 7 月,某县农民赵某承包村里一片山地开办采摘园。2009 年 10 月,该县税务部门接到群众举报,称赵某于采摘园开办以来,甚少缴税。故该县税务部门在查明事实的基础上,发现赵某确实漏缴了部分税款,遂责令赵某于 15 天内补缴相应税款,并做出罚款 5000 元的行政处罚。赵某对该税务部门罚款的决定不服,向当地法院提起了税收行政诉讼。法院对此案件进行了立案审查。

专家提示

本案主要涉及我国税收行政诉讼的受案范围问题,即哪些税收争议可以提起行政诉讼?

我国现行的《行政诉讼法》以及《最高人民法院关于执行〈中华人民共和国行政诉讼法〉若干问题的解释》对我国的行政诉讼的受案范围进行了全面的规定。而对于税收行政诉讼,没有特别进行规定,故而适用这两部法律。所以,在排除复议前置诉讼的情况下,凡是公民、法人和其他组织认为行政机关和行政机关工作人员的具体行政行为侵犯其合法权益,就有权向人民法院提起税收行政诉讼。

我国法律规定,公民、法人和其他组织对罚款等具体行政行为不服提起的诉讼,法院应予受理。

本案中,赵某提起税收行政诉讼是因为对税务行政机关所做的罚款决定不服,符合法律要求的税收行政诉讼的受案范围,故法院应当受理。

法律依据

《中华人民共和国行政诉讼法》第十一条："人民法院受理公民、法人和其他组织对下列具体行政行为不服提起的诉讼：

（一）对拘留、罚款、吊销许可证和执照、责令停产停业、没收财物等行政处罚不服的；

（二）对限制人身自由或者对财产的查封、扣押、冻结等行政强制措施不服的；

（三）认为行政机关侵犯法律规定的经营自主权的；

（四）认为符合法定条件申请行政机关颁发许可证和执照，行政机关拒绝颁发或者不予答复的；

（五）申请行政机关履行保护人身权、财产权的法定职责，行政机关拒绝履行或者不予答复的；

（六）认为行政机关没有依法发给抚恤金的；

（七）认为行政机关违法要求履行义务的；

（八）认为行政机关侵犯其他人身权、财产权的。

除前款规定外，人民法院受理法律、法规规定可以提起诉讼的其他行政案件。"

《中华人民共和国行政诉讼法》第十二条："人民法院不受理公民、法人或者其他组织对下列事项提起的诉讼：

（一）国防、外交等国家行为；

（二）行政法规、规章或者行政机关制定、发布的具有普遍约束力的决定、命令；

（三）行政机关对行政机关工作人员的奖惩、任免等决定；

（四）法律规定由行政机关最终裁决的具体行政行为。”

《最高人民法院关于执行〈中华人民共和国行政诉讼法〉若干问题的解释》第一条：“公民、法人或者其他组织对具有国家行政职权的机关和组织及其工作人员的行政行为不服，依法提起诉讼的，属于人民法院行政诉讼的受案范围。

公民、法人或者其他组织对下列行为不服提起诉讼的，不属于人民法院行政诉讼的受案范围：

（一）行政诉讼法第十二条规定的行为；

（二）公安、国家安全等机关依照刑事诉讼法的明确授权实施的行为；

（三）调解行为以及法律规定的仲裁行为；

（四）不具有强制力的行政指导行为；

（五）驳回当事人对行政行为提起申诉的重复处理行为；

（六）对公民、法人或者其他组织权利义务不产生实际影响的行为。”

19. 税收行政诉讼的管辖有哪些规定?

案情简介

A县某村村民孙某于2010年8月开始收购本村土特产品,2010年9月,孙某将收购到的土特产品运往邻县B县销售。2010年11月,B县税务部门以孙某未缴纳相应税款为由,对孙某做出了500元罚款的决定。孙某不服,意欲状告该税务部门。但孙某认为,还是回到自己所在县的法院起诉比较好,于是孙某在A县法院提起了税收行政诉讼,被告为B县税务部门。A县法院以无管辖权为由,裁定不予受理。孙某对此大为不解。

专家提示

本案主要涉及税收行政诉讼的管辖问题。

税收行政诉讼的管辖,就是人民法院之间受理第一审税收行政案件的分工,实质上是行政机关权限的划分。而税收行政诉讼本是行政诉讼的一个方面,所以我们主要探讨行政诉讼的管辖问题。

行政诉讼的管辖分为法定管辖和裁定管辖,法定管辖又分为级别管辖和地域管辖;裁定管辖又分为指定管辖、移送管辖与管辖权转移。这里我们着重介绍级别管辖和地域管辖两种法定管辖。

所谓级别管辖是指上下级法院之间受理第一审行政案件的分工和权限。我们说确定行政诉讼的管辖权,首先要明确的就是级别管辖。由于我国的人民法院设置为四级,故而《行政诉讼法》对于级别管辖也做了相关规定,即基层人民法院管辖第一审行政案件;中级人民法院管辖确认发明专利权的案件、海关处理的案件、对国务院各部门或者省、自治区、直辖市人民政府所作的具体行政行为提起诉讼的案件以及本辖区内重大、复杂的案件,高级人民法院管辖本辖区内重大、复杂的第一审行政案件;最高人民法院管辖全国范围内重大、复杂的第一审行政案件。

地域管辖就是说在同级法院之间，横向划分各自辖区内受理第一审行政案件的权限。地域管辖又分为一般地域管辖和特殊地域管辖。一般地域管辖即由最初做出具体行政行为的行政机关所在地的人民法院来管辖。此种管辖规则适用于两种行政诉讼案件：一是未经行政复议而直接诉讼的案件；二是当事人对行政复议决定不服而提起的行政诉讼。特殊地域管辖是相对于一般地域管辖而言的，即在地域管辖中的一些特殊情况，主要有三种情况：①不动产涉诉，由不动产所在地法院管辖；②经复议的案件，复议机关改变原具体行政行为的，可以由做出具体行政行为的行政机关所在地法院管辖，也可以由复议机关所在地法院管辖；③对限制人身自由的行政强制措施不服的，由被告所在地或者原告所在地法院管辖。第一种称为专属管辖，后两种称为共同管辖，即赋予原告以选择权。

所以本案中，孙某应该向 B 县法院提起诉讼，因为对孙某的税收处罚决定是由 B 县税务行政部门做出的，故由做出具体行政行为的行政机关所在地法院管辖。

法律依据

《行政诉讼法》第十七条："行政案件由最初作出具体行政行为的行政机关所在地人民法院管辖。经复议的案件，复议机关改变原具体行政行为的，也可以由复议机关所在地人民法院管辖。"

《行政诉讼法》第十八条："对限制人身自由的行政强制措施不服提起的诉讼，由被告所在地或者原告所在地人民法院管辖。"

《行政诉讼法》第十九条："因不动产提起的行政诉讼，由不动产所在地人民法院管辖。"

20. 税收行政诉讼的起诉条件有哪些？

案情简介

某村村民李某想要起诉该县国税局，但是李某从未打过官司，所以对于税收行政诉讼起诉的相关问题不了解，李某便求助了律师。

专家提示

本案主要涉及税收行政诉讼的起诉要求问题。

税收行政诉讼案件的起诉条件与普通民商事案件的起诉条件没有太大的区别，具体为：

(1)原告认为具体行政行为侵犯其合法权益的公民、法人或者其他组织；

(2)有明确的被告；

(3)有具体的诉讼请求和事实根据；

(4)属于人民法院受案范围和受诉人民法院管辖。

同时符合以上四个条件的，便可以向人民法院提起税收行政诉讼。

提起税收行政诉讼还要注意一个期限的问题，即我国法律规定，应当在知道作出具体行政行为之日起三个月内提出。所以在提起税收行政诉讼时，要注意期限的要求。

附：《行政诉讼状》样式

行政诉讼状

原告：

名称：__________ 地址：____________________ 电话：____________

法定代表人：姓名：__________________ 职务：______________

委托代理人：姓名：______________ 性别：_______ 年龄：_______

民族：________职务：________工作单位：______________________

住所：______________________电话：____________

被告：

名称：________地址：___________________电话：__________

法定代表人：姓名：_____________职务：_______________

诉讼请求：____

事实和理由：____

此致

________人民法院

原告人：____________（盖章）

法定代表人：____________（签章）

____年____月____日

附：1. 本诉状副本____________份。

2. 行政处理决定书____________份。

3. 其他材料____________份。

法律依据

《中华人民共和国行政诉讼法》第三十九条："公民、法人或者其他组织直接向人民法院提起诉讼的，应当在知道作出具体行政行为之日起三个月内提出。法律另有规定的除外。"

21. 人民法院如何受理税务行政诉讼的案件?

案情简介

2010年6月,某县地税局稽查科对该县一部分纳税主体进行了例行检查。在检查的过程中,某县地税局稽查科发现,该县一家名为"万泉山庄"的饭店在2010年4月至5月期间,未缴纳相应税款,总计有2万元营业税漏缴。该县地税局稽查科当场责令该饭店于5日内补缴相应税款。但5日期限届满后,该"万泉山庄"饭店仍拒绝补缴所欠税款。该县地税局稽查科遂上报该县地税局,经局长批准,对该"万泉山庄"饭店的价值3万余元的部分电器设施进行了扣押,并向该饭店出具了扣押清单。该饭店认为,采取扣押措施影响了其正常营业,并且扣押的电器超出自己所欠税款,对此强制执行措施不服,于是以该县地税局为被告,向该县法院提起税收行政诉讼。则法院如何受理该案件?

专家提示

本案主要涉及法院如何受理税收行政诉讼案件的问题。

并非所有案件在立案庭进行立案登记后,都能顺利地走入审判程序,人民法院在接到原告的起诉状后,还要依法对该案件进行审查,进而确定立案受理抑或裁定不予受理。法院审查的主要内容为:

(一)相应案件是否属于税收行政诉讼的受案范围和受诉法院管辖;

(二)是否遵循了法律关于税收行政复议和税收行政诉讼之

间关系的规定，即是否为税收行政复议前置案件的范围等；

（三）是否符合法律对于起诉期限的规定；

（四）是否为重复诉讼。

人民法院在对原告的起诉进行审查后，认为符合法律规定的要件的，应在法定期限内予以立案，如果认为起诉不符合法律规定，则作出不予受理的裁定。

本案中，该县法院应先对“万泉山庄”饭店的起诉进行审查，而后在法定期限内，作出决定，是否予以受理。

法律依据

《中华人民共和国行政诉讼法》第三十九条：“公民、法人或者其他组织直接向人民法院提起诉讼的，应当在知道作出具体行政行为之日起三个月内提出。法律另有规定的除外。”

《中华人民共和国行政诉讼法》第四十二条：“人民法院接到起诉状，经审查，应当在七日内立案或者作出裁定不予受理。原告对裁定不服的，可以提起上诉。”

22. 怎样确定税收行政诉讼的被告?

案情简介

2010年5月,王某以该县地税局对自己故意漏缴税款的行为所作的税收行政处罚过重为由,向该市地税局申请税收行政复议,该市地税局对王某故意漏缴税款的行为进行了核查,认为原作出税收处罚的税务行政机关认定事实清楚、证据确凿、适用依据正确、程序合法、内容适当,决定维持原税务行政机关的处罚决定。

王某认为该市地税局与该县地税局都是官官相护,遂想到法院起诉。但是王某不知道要列哪一个税务机关为被告,便向律师求助。

专家提示

本案涉及的问题是在有多个行政机关时,怎样确定税收行政诉讼的被告。

我国法律规定,在税务行政诉讼中,对于被告的确定,分为不同的情况。对于税务复议前置诉讼的案件,复议机关决定维持原具体行政行为的,作出原具体行政行为的税务机关为被告,税务复议机关改变原具体行政行为的,复议机关是被告。

所以本案中,王某对该县地税局的罚款决定不服,属于“纳税争议”的范畴,即为税收行政复议前置诉讼,该市地税局又维持了该县地税局的税收行政处罚决定,故王某应列该县地税局,即作出原具体行政行为的税务行政机关为被告。

法律依据

《中华人民共和国行政诉讼法》第二十五条:“公民、法人或者其他组织直接向人民法院提起诉讼的,作出具体行政行为的行政机关是被告。

经复议的案件,复议机关决定维持原具体行政行为的,作出原具体行政行为的行政机关是被告;复议机关改变原具体行政行为的,复议机关是被告。

两个以上行政机关作出同一具体行政行为的,共同作出具体行政行为的行政机关是共同被告。

由法律、法规授权的组织所作的具体行政行为,该组织是被告。由行政机关委托的组织所作的具体行政行为,委托的行政机关是被告。

行政机关被撤销的,继续行使其职权的行政机关是被告。”

23. 税收行政诉讼的一审程序是怎样的?

案情简介

2010年3月,某县农民王某用自己房子中临街的一间小屋开了一家小型超市。2010年10月,该县税务部门接到群众举报,称王某的小超市很久没有缴纳相应税款了。于是该县税务部门对王某的小超市进行了税务检查。在检查的过程中,该县税务部门还发现王某的发票存根联大部分已经破损,有的被水浸泡过,不能识别。该县税务局依此事实,对王某做出了处罚决定。王某对此处罚决定不服,与该县税务部门商量未果后,向该县法院提起了税收行政诉讼,把该税务部门告上了法庭。该县法院依法启动了税收行政诉讼的一审程序。

专家提示

本案主要涉及税收行政诉讼的一审程序内容问题。

税收行政诉讼的一审程序主要有以下内容:

(一)审理前的准备。人民法院在接到原告的起诉状后,对原告的起诉进行审查,如果原告的起诉符合受理条件,即应予以立案。法院在立案之日起5日内,要将原告起诉状的副本发送给被告,而被告在收到原告起诉状副本10日内,应当向法院提交作出具体行政行为的有关材料,并提交答辩状。法院则在收到被告的答辩状之日起5日内将被告的答辩状发送给原告。

值得注意的是,被告可以提出答辩状,也可以不提出,这是被告的一项权利。

此外,组成审判组织、审查诉讼材料、调查搜集证据、确认、更换和追加当事人以及确认开庭的地点、时间并通知当事人及其他诉讼参与人等，都是人民法院在开庭前要做的准备工作。

（二）开庭审理阶段。我国对于开庭审理一般应为公开审理，但是有例外情况，即涉及国家机密、当事人隐私以及法律另有规定这三种情况。

庭审阶段主要包括预备、法庭调查、法庭辩论、评议和宣判五个阶段。

法庭调查就是核实和审查证据、查明案件真相，从而认定案件事实。此阶段的目的就是对证据进行审查。

法庭辩论是在法庭调查的基础上进行的，双方当事人分别陈述自己的观点和意见。

宣判分为当庭宣判和定期宣判，无论何种宣判，法官都应告知税收行政诉讼当事人的上诉权利、上诉期限和上诉法院。

法律依据

《中华人民共和国行政诉讼法》第三十二条："被告对作出的具体行政行为负有举证责任，应当提供作出该具体行政行为的证据和所依据的规范性文件。"

《中华人民共和国行政诉讼法》第三十三条："在诉讼过程中，被告不得自行向原告和证人收集证据。"

《中华人民共和国行政诉讼法》第三十四条："人民法院有权要求当事人提供或者补充证据。

人民法院有权向有关行政机关以及其他组织、公民调取证据。"

《中华人民共和国行政诉讼法》第四十六条："人民法院审理行政案件，由审判员组成合议庭，或者由审判员、陪审员组成合议庭。合议庭的成员，应当是三人以上的单数。"

24. 税收行政诉讼的判决有哪些效力?

案情简介

2011 年 3 月，某县人民法院对王某诉该县国税局对王某进行 3000 元行政处罚一案判决维持。但是王某对该判决不服，心想反正是税收行政诉讼的一审，还可以上诉。在法官告知王某不能上诉，只能申诉的时候，王某才明白此种判决与一般判决的不同之处。

专家提示

本案主要涉及税收行政诉讼的各种判决的效力问题。

税收行政诉讼的判决有其自身的效力，如既判力、拘束力和执行力等。

但是，依据税收行政诉讼的判决内容不同，每种判决各有其不同的效力：

(1)维持判决的效力。维持判决的做出，即人民法院认为具体行政行为证据确凿，适用法律、法规正确，符合法定程序，进而驳回原告的诉讼请求。维持判决一经生效，原告必须接受原行政决定的约束，承担败诉的法律后果，并且，对本案被诉行政行为不得重新起诉。如果原告对一审的维持判决不服，只能提起申诉。

(2)撤销判决的效力。即人民法院认为被诉具体行政行为有主要证据不足的、适用法律、法规错误的、违反法定程序的、超越职权的以及滥用职权等情况之一的，给予其否定的评价，纠正违法行政行为。

(3)变更判决的效力。法院判决变更的前提条件有两个，即首先被诉具体行政行为要为行政处罚行为；其次要显失公正。此判决一经生效，当事人不得就已决事项再次向法院起诉，被告行政机关也不得做出新的具体行政行为。

(4)履行判决的效力。这一判决主要适用于被告行政机关不履行或者拖延履行其法定职责，所以法院判决在一定期限内履行。法院在此类判决书中，应明确指出其所应履行职责的履行内容和履行期限。

(5)驳回判决的效力。此即判决驳回原告的诉讼请求。

(6)确认判决的效力。即人民法院确认被诉具体行政行为违法或无效。

所以本案中，该法院对王某做出的维持判决，王某不能要求上诉，只能申诉。

法律依据

《中华人民共和国行政诉讼法》第五十五条："人民法院判决被告重新作出具体行政行为的，被告不得以同一事实和理由作出与原具体行政行为基本相同的具体行政行为。"

《中华人民共和国行政诉讼法》第五十七条："人民法院应当在立案之日起三个月内作出第一审判决。有特殊情况需要延长的，由高级人民法院批准，高级人民法院审理第一审案件需要延长的，由最高人民法院批准。"

《中华人民共和国行政诉讼法》第五十八条："当事人不服人民法院第一审判决的，有权在判决书送达之日起十五日内向上一级人民法院提起上诉。当事人不服人民法院第一审裁定的，有权在裁定书送达之日起十日内向上一级人民法院提起上诉。逾期不提起上诉的，人民法院的第一审判决或者裁定发生法律效力。"

25. 何谓税收行政诉讼附带民事诉讼？

案情简介

2010 年 11 月，某县国税局在对该县刘某经营的个体工商户进行处罚的执行时，因与刘某抢夺刘某店铺内商品时，该国税局工作人员不小心将该商品打破。刘某认为该国税局工作人员的行为损害了自己的利益，并且该国税局的处罚决定也不合理，遂向该县法院提起了行政诉讼并以国税局工作人员打破其商品为由提起附带的民事诉讼。法院经审查，裁定驳回民事诉讼，并告知刘某，此种情况不能申请附带民事诉讼，只能要求国家赔偿。

专家提示

本案涉及的是行政诉讼附带民事诉讼的受案范围问题。

税收行政附带民事诉讼，即人民法院在审理税收行政诉讼时，附带审理与税收行政诉讼案件相关的民事诉讼的制度。所以，附带的民事诉讼的裁判应以税收行政诉讼的裁判为前提，可以裁定驳回民事诉讼，也可以裁定准许民事调解。如果当事人在税收行政诉讼中一审没有提出，二审就不能再提了。

行政附带民事诉讼的范围包括：当事人不服行政机关对有关权属纠纷所做的裁决，诉请人民法院撤销并重新做出该裁决；当事人不服行政机关对有关损害赔偿的裁决或有关的处理决定，请求人民法院撤销并重新做出该决定。

所以本案中刘某的诉讼请求，不是税收行政诉讼附带民事诉讼的受案范围。

法律依据

《中华人民共和国行政诉讼法》第六十七条:"公民、法人或者其他组织的合法权益受到行政机关或者行政机关工作人员作出的具体行政行为侵犯造成损害的,有权请求赔偿。

公民、法人或者其他组织单独就损害赔偿提出请求,应当先由行政机关解决。对行政机关的处理不服,可以向人民法院提起诉讼。"

《国家赔偿法》第四条:"行政机关及其工作人员在行使行政职权时有下列侵犯财产权情形之一的,受害人有取得赔偿的权利:

(一)违法实施罚款、吊销许可证和执照、责令停产停业、没收财物等行政处罚的;

(二)违法对财产采取查封、扣押、冻结等行政强制措施的;

(三)违反国家规定征收财物、摊派费用的;

(四)造成财产损害的其他违法行为。"

参考书目

1. 陈少英主编:《税法学案例教程》,北京大学出版社,2007 年版

2. 穆松、张婷婷编著:《农民纳税法律指导》,中国法制出版社,2008 年版

3. 翟继光著:《个人纳税一点通》,中国法制出版社,2008 年版

4. 王东勤编著:《当个明白的纳税人》,学苑出版社,2004 年版

5. 张怡、何志明主编:《税法案例教程》,清华大学出版社,2009 年版

6. 姜明安主编:《行政法与行政诉讼法(第三版)》,北京大学出版社、高等教育出版社

图书在版编目(CIP)数据

当个明白的纳税人:纳税法律问题解答/徐康平,唐玮主编.--北京:学苑出版社,2011.9

ISBN 978-7-5077-3859-9

Ⅰ.①当… Ⅱ.①徐… ②唐… Ⅲ.①税法—中国—问题解答 Ⅳ.①D922.220.5

中国版本图书馆 CIP 数据核字(2011)第 194826 号

责任编辑: 郑泽英
封面设计: 北京攀轩致远文化有限公司
出版发行: 学苑出版社
社　　址: 北京市丰台区南方庄 2 号院 1 号楼
邮政编码: 100079
网　　址: www.book001.com
电子邮箱: xueyuan@public.bta.net.cn
销售电话: 010-67675512、67678944、67601101(邮购)
经　　销: 全国新华书店
印 刷 厂: 北京长阳汇文印刷厂
开本尺寸: 850×1168　1/32
印　　张: 10.625
字　　数: 248 千字
版　　次: 2012 年 3 月北京第 1 版
印　　次: 2012 年 3 月北京第 1 次印刷
定　　价: 18.00 元